Liebe Leserin, lieber Leser,

Berlin und Film – das gehört zusammen! Seit im Jahr 1895 die ersten bewegten Bilder im Wintergarten-Varieté über die Leinwand flimmerten, hat sich die Stadt stetig zu einer Filmmetropole weiterentwickelt, in den 1920er-Jahren hieß die unangefochtene Filmhauptstadt Europas Berlin, die in Deutschland gedrehten Filme konnten sich in jeder Hinsicht mit den Hollywoodproduktionen messen. Dies änderte sich mit der Machtergreifung der Nationalsozialisten. Nach dem Krieg waren es die Russen, die sich als Erste für die Wiederaufnahme des Filmbetriebs in Berlin einsetzten. Unter ihrer Lizenz wurde am 17. Mai 1946 die Deutsche Film AG, die DEFA, gegründet, die bis zum Ende der DDR rund 700 Spielfilme, 750 Animationsfilme sowie über 2000 Dokumentar- und Kurzfilme produzierte. In West-Berlin fanden im Sommer 1951 erstmals die Internationalen Filmfestspiele Berlin, kurz Berlinale, statt. Sie sollten wieder Film-Prominenz in die Halbstadt locken und als „Schaufenster der freien Welt" auch ein politisches Statement setzen. Dennoch: Obwohl Berlin in der Zeit der Teilung und auch nach dem Fall der Mauer stets beliebter Drehort nationaler wie internationaler Filme war und ist – den Titel „Filmhauptstadt" konnte es nicht zurückerobern.

Oliver Ohmann berichtet in dieser Ausgabe über die Geburt der Filmstadt Berlin mit den Brüdern Skladanowsky und dem zweiten Berliner Filmpionier Oskar Messter sowie die Entstehung und Entwicklung der Berliner Kinolandschaft von ihren Anfängen bis heute.

Einen kurzen Abriss über wegweisende Berlin-Filme von den 1920er-Jahren bis zur Wiedervereinigung bietet Kai-Uwe Merz. In einem zweiten Beitrag schreibt er über die Filmemacher Will Tremper und Artur Brauner, die das Kino in der „Inselstadt" teilweise über Jahrzehnte hinweg prägten.

Markus Münch-Pauli schließlich gibt anhand zweier ausgewählter Berlin-Filme einen Überblick sowohl über deren Inhalt als auch die Historie ihrer Drehorte: den Reichstag und die Museumsinsel mit dem Alten Museum.

Wir wünschen Ihnen spannende Einblicke in die Geschichte der Filmstadt Berlin!

Ihre Tanja Krajzewicz

Tanja Krajzewicz
Redakteurin und Lektorin im Elsengold Verlag

PS: Haben Sie schon einmal darüber nachgedacht, Mitglied im größten und ältesten Berliner Geschichtsverein zu werden? Im Jahresbeitrag von 50 Euro (Partner 75 Euro) sind Führungen und Veranstaltungen sowie das Abonnement dieser Zeitschrift und der Bezug des renommierten Jahrbuches enthalten. Diese Investition lohnt sich für Sie persönlich, und zusätzlich unterstützen Sie die Erforschung der Stadtgeschichte.

Titelbild: Die Schauspielerin und Sängerin Marlene Dietrich, gebürtige Schönebergerin, in den 1930er-Jahren

Filmstadt Berlin

Pioniere aus Pankow bringen Bilder zum Laufen

OLIVER OHMANN

Hauptrolle Berlin

KAI-UWE MERZ

WWW.BERLINER-GESCHICHTE.NET

Oliver Ohmann

PIONIERE AUS PANKOW BRINGEN BILDER ZUM LAUFEN

Der Begriff „Film" wurde aus dem Englischen entlehnt, und zwar in der ursprünglichen Bedeutung von „Häutchen" oder „dünne Schicht". Der Ölfilm ist älter als der Spielfilm. Unser „Kino" stammt von „cinématographe", dem französischen Begriff für einen Filmprojektor, den „Bewegungsschreiber". Erst nach dem Ersten Weltkrieg wurde das Kino gleichbedeutend mit dem Vorführraum, einst Kinematographentheater genannt, und der Film bezeichnete die bewegten Bilder selbst, schließlich das gesamte Genre. Die allermeisten Spielfilme werden heute digital produziert, verbreitet und projiziert. Nur noch selten wird eine Filmrolle in eine Kamera oder einen Projektor eingelegt. Erhalten blieben die Begriffe Film und Kino – mit denen auch die Geschichte der Filmstadt Berlin begann.

ANFÄNGE DES FILMS IN DEUTSCHLAND

Die Stadt hatte sich im späten 19. Jahrhundert zu einer Weltmetropole entwickelt. 1871 zur Reichshauptstadt erkoren, maß sich Berlin um 1900 wirtschaftlich und kulturell nicht mehr mit München, Hamburg oder Dresden, sondern mit London, New York und Paris. Seit 1877 war man Millionenstadt, 1904 lebten zwei Millionen, 1925 über vier Millionen Menschen in der Stadt. Das Kino kam in der vor Kraftgefühl, nationalem Chauvinismus und Selbstüberschätzung strotzenden Zeit des Wilhelminismus auf. Dabei sind weder der Film noch die Filmschaffenden vom Himmel gefallen. Ihr Auftritt war lange vorbereitet. Technische Voraussetzungen hatte die Fotografie geliefert, ihr fehlte es nur noch an Bewegung. Als der Rollfilm aus lichtempfindlichem Zelluloid die bis dahin üblichen Glasplatten ersetzte, war das Trägermedium gefunden. Nun konnte man belichtete Bilder durch einen Projektor transportieren. Für Aufnahme und Vorführung war technisch nur eine Aufgabe zu bewältigen: in rascher Folge so viele Bilder zu belichten bzw. vorzuführen, dass sie im Auge des Betrachters als fließende Bewegung wahrgenommen werden. Bei 24 Bildern pro Sekunde ist die optische Illusion perfekt.

Dabei ist bemerkenswert: Erst wenige Jahre vor den bewegten Bildern wurde die Aufzeichnung und Wiedergabe von Tönen möglich. „Phonographen" bemühten sich, die menschliche Stimme und Musik so deutlich wie möglich wiederzugeben. Die „Kinematographen" zeigten analog dazu menschliche Bewegungen, Artistik und Tanz. Die ersten Darsteller der Filmgeschichte kamen vom Zirkus und Varieté. Für den Berlin-Biografen Walther Kiaulehn waren es diese „kreisenden Moleküle" der Schausteller und Unterhaltungskünstler, die sich zur neuen Massenunterhaltung Film zusammenschlossen. Vor der cineastischen Kinokunst stand viele Jahre das „Hereinspaziert" einer Jahrmarktsattraktion.

Folgerichtig fand die Weltpremiere des Kinos in einem Varietétheater statt. Am 1. November 1895 sahen die Berlinerinnen und Berliner die ersten „lebenden Bilder", vorgeführt im Wintergarten-Varieté des Central-Hotels am Bahnhof Friedrichstraße.

1500 Zuschauer im Saal erlebten an diesem Abend die erste kommerzielle Kinovorführung der Welt. Mit Licht auf eine Leinwand geworfen, erschien ein kurzes Nummernprogramm von Artisten und Varietékünstlern. Das Finale bildeten zwei Männer, die sich im Film auf der Leinwand vor dem Publikum verbeugten. Es waren die Schöpfer der „amüsantesten und interessantesten Erfindung des 19. Jahrhunderts": Max Skladanowsky, gelernter Fotograf und Glasmaler, und sein drei Jahre jüngerer Bruder Emil.

Bioskop – das Leben sehen – nannte Max sein selbst gebautes Projektionsgerät, an dem er seit 1887 getüftelt hatte. Den Zeitgenossen musste noch genau beschrieben werden, was es damit überhaupt auf sich hatte. Darum gab es folgenden Werbetext: „Die lebensgroßen Darstellungen im Bioskop sind die Projektionen eigener Original-Serienaufnahmen. Sie geben genau das Leben in voller Natürlichkeit, vermittelst der Elektrizität wieder, man glaubt die Wirklichkeit vor sich zu haben, so greifbar plastisch ist die Wirkung des Bioskops."

Optische Geräte wie die Laterna magica waren im 19. Jahrhundert schon massenhaft verbreitet. Sie waren den Brüdern Skladanowsky sehr vertraut, sorgten für ihren Lebensunterhalt. Max war viele Jahre mit seinem Vater Carl mit „Nebelbildern" auf Europatournee. Für eine Nebelbilder-Show brauchten die Schausteller auf Glas gemalte Diapositive und mindestens zwei (besser sechs oder sieben) Laternae magicae. Die Nebelbilder-Glasplatten zeichnete Max Skladanowsky in der Regel selbst, einige sind heute im Bundesarchiv erhalten. Durch geschicktes Überblenden und Verschieben dieser Glaspositive, hauchten die Vorführer den Bildern Leben ein. Für den Betrachter erschien – bei geschickter Handhabung – eine Illusion von Bewegung. So ließen sich bei zwei Landschaftsaufnahmen beispielsweise leicht der Wechsel von Jahreszeiten oder ein Sonnenuntergang simulieren. Bereits am 18. November 1879 hatte Max Skladanowsky solche Projektionen erstmals im Flora-Saal in der Friedrichstraße 218 gezeigt. Diese Vorstellungen blieben bis 1897 die Haupteinnahmequelle der Brüder, dann gingen sie getrennte Wege.

Emil hatte gute Kontakte zu den Berliner Varietés, Max war der technische Kopf. In seiner Pankower Wohnung in der Berliner Straße 2 tüftelte er an seinen Apparaten zur Projektion „lebender Bilder". Seit den 1870er-Jahren arbeiteten Erfinder und Ingenieure in vielen Ländern an einer Möglichkeit, Bewegungen mit einer Kamera aufzunehmen. 1878 gelang dem Briten Eadweard

1878 gelang Eadweard Muybridge die Fotoserie eines galoppierenden Pferdes.

Muybridge in den USA die Fotoserie eines galoppierenden Pferdes (er wollte zeigen, dass in einem Moment des Laufs alle vier Hufe vom Boden abheben). Das Pferd galoppierte vor einer weißen Wand und zerriss dabei feine Drähte, die durch einen elektromagnetischen Impuls ein Dutzend nebeneinanderstehende Kameras auslösten. Die Aufnahmen konnte der Fotopionier zu einer fließenden Bewegung zusammenfügen. Das Pferd galoppierte zwar auf der Stelle, aber es galoppierte.

Immer empfindlichere Fotomaterialien, schnellere Kameraverschlüsse und weitere technische Erfindungen trieben die Entwicklung voran. Im Mai 1895 konnte man in der Friedrichstraße 65 in Edisons „Kinetoscope" schauen. Dabei sah der Betrachter durch ein Okular einen kurzen Film. Ein Zelluloidfilmstreifen wurde von einem Elektromotor in einer Endlosschleife im Filmbetrachter bewegt und hinterleuchtet. Ein ähnliches Gerät war 1893 auch schon auf der Weltausstellung in Chicago präsentiert worden. Max Skladanowsky schaute ihn sich nun in Berlin an, sicher mit größtem Interesse.

Längst war ihm klar, dass die Zeit drängte. Anderswo in Europa wurde ebenfalls an der Vorführung von Bilderreihen gearbeitet, die im Auge des Zuschauers zu einem Film verschmolzen. Die Erfindung des Films (den Begriff gab es freilich noch nicht) lag förmlich in der Luft. Im Rückblick verdienen die Ingenieurteams um Edison und Lumière die Lorbeeren. Doch Max Skladanowsky war ohne Zweifel ebenfalls einer der Filmväter und der erste Filmpionier in Deutschland. Mit ihm beginnt die Geschichte der Filmstadt Berlin.

Nach eigenen Angaben im Sommer 1892, womöglich aber erst ein oder zwei Jahre später, erlebte Berlin seine ersten Dreharbeiten. Max nahm in einer Fotoserie seinen turnenden Bruder auf. Drehort: das Dach des Hauses Schönhauser Allee 146, Ecke Kastanienallee, in Prenzlauer Berg. Die Kamera war ein Eigenbau. Im hölzernen „Kurbelkasten" wurde hinter einem Objektiv ein Zelluloid-Rollfilm von Kodak belichtet. Der war brandneu auf dem Markt. Der Kasten belichtete acht Bilder in einer Sekunde, insgesamt 48 Stück, also sechs Sekunden Tur-

Max Skladanowskys
Bioskop mit der Reichs-
patentnummer 88599

nerei. Die einzelnen Fotos kopierte Max anschließend auf Papierstreifen. Hintereinander und übereinander gelegt, sah man beim Durchblättern (nach dem Daumenkinoprinzip) eine flüssige Turnübung. Er hatte eine technische Lösung für die Aufnahme gefunden, aber noch nicht für die Projektion. Denn Skladanowsky war Schausteller. Er wollte und musste die Bilder vorführen und dazu brauchte er – wie bei den Nebelbildern – einen entsprechenden Projektor.

Bis zum Frühjahr 1895 gelang Max Skladanowsky die Konstruktion eines vorführreifen Doppelprojektors für seine „lebenden Fotografien". Dieses „Bioskop" (Deutsches Reichspatent Nr. 88599) projizierte simultan zwei identische Filmstreifen auf die Leinwand, 16 Bilder pro Sekunde. Eine rotierende Blende sorgte dafür, dass abwechselnd ein Bild auf jedem Projektor abgedeckt blieb. Diese Lösung funktionierte recht gut, erwies sich aber technisch als Sackgasse. In Frankreich hatten die Brüder Auguste und Louis Lumière zur selben Zeit einen „Kinematographen" erfunden, der weitaus praktischer war und Skladanowskys Bioskop sehr bald in

den Schatten stellte. Doch wir wollen nicht vorgreifen.

Anlässlich des 100. Geburtstages der Kinematografie – daraus wurde kurz: Kino – ließ das Filmarchiv des Bundesarchivs 1995 mit Unterstützung der Berliner Stiftung Deutsche Kinemathek neun Skladanowsky-Filme mit Digitaltechnik restaurieren. Es gab erhaltene Sequenzen von sechs bis 16 Sekunden Länge. Egbert Koppe beschrieb in diesem Zusammenhang, wie Skladanowskys Apparat funktionierte: „Als Aufnahmematerial nutzte er Negativ-Rollfilm für Fotoapparate, den er auf eine Breite von 54 mm halbierte. Die sechs Meter langen Filmstreifen wurden mit bis zu 192 Bildern belichtet. Da der Negativfilm zum Transport in der Kamera keine Perforation besaß, war der Bildabstand jedoch unregelmäßig. Um ein projizierbares Positiv kopieren zu können, musste deshalb der Filmstreifen in mühevoller Handarbeit Bild für Bild auseinandergeschnitten und zum Kopieren wieder zusammengesetzt werden."

So entstanden zwei identische Positivfilmbänder, aber die Herstellung war denkbar aufwendig. Für die

Aufnahmen brauchte die Kamera des Berliner Kinopioniers zudem sehr viel Licht, bestenfalls Tageslicht. Die meisten der kurzen Szenen, die wenig später bei der Kinopremiere gezeigt wurden, drehten die Brüder Skladanowsky in Pankow, im Kaffeegarten eines Ballsalons. Bei grellem Sonnenschein kurbelte Max Skladanowsky im Mai 1895 artistische Einlagen. Über ein Dutzend Varietékünstler, darunter auch Kinder, waren seiner Einladung zur Gaststätte an der Berliner Straße 27 gefolgt. Bis zu acht Darsteller gleichzeitig agierten vor dem Kurbelkasten. Auf eine Stoffbahn fielen die Schatten der Akteure; die Sonne sorgte für den ersten Lichteffekt der Filmgeschichte!

Erich Skladanowsky, Sohn von Max, beschrieb später das erste Making-of: „Ein großer weißer Vorhang wurde aufgestellt, vor dem bekannte Varietékräfte ihre charakteristischen Künste ausführten. Freiwillig und uneigennützig stellten sich die ausübenden Künstler im Interesse der Sache zur Verfügung. Der alte Gastwirt Sello und seine Kollegen verlangten nicht die geringste Ateliermiete, sondern halfen bei den Vorbereitungen der Aufnahmen noch wacker mit."

Wenig später, im Juli 1895, fand in Sellos Gaststätte (die ab 1906 Feldschlösschen hieß und 1910 tatsächlich zum Kino wurde) eine Probevorstellung statt. Allerdings noch ohne zahlende Zuschauer. Geladene Gäste waren u. a. die Betreiber des Wintergarten-Varietés, wahrscheinlich wurde die Vorstellung eigens für sie arrangiert. In jedem Fall hatten die Skladanowskys anschließend ein Engagement in der Tasche. Die garantierte Gage für vier Wochen Wintergarten betrug 2250 Mark. Premiere sollte am 1. November 1895 im damals schon berühmten Berliner Varieté sein. Bis dahin mussten der Nebelbild-Darsteller (tatsächlich seine Berufsbezeichnung) Max Skladanowsky und alle Beteiligten unbedingt Stillschweigen bewahren, darauf hatte man sich geeinigt. Man wusste jetzt um eine Sensation, die wenigstens für vier Wochen Wintergarten gut war. Das bedeutete bares Unterhaltungskapital.

ERSTE FILMVORFÜHRUNG IM WINTERGARTEN

Fünf Grad, mäßiger Wind, bedeckter Himmel. Die Geburt des Kinos fand an einem trüben herbstlichen Freitag im Herzen Berlins statt. Um 19 Uhr kamen die ersten Besucher in den Saal, eine halbe Stunde später begann die Vorstellung. Am Premierentag waren in Berliner Tageszeitungen halbseitige Anzeigen erschienen. Über die Programmhighlights berichtete die *Vossische Zeitung* am 1. November 1895 in der Morgenausgabe: „Im Wintergarten findet mit dem neuen Monat eine vollständige Neugestaltung des ganzen Programms statt. An der Spitze des neuen Spielplans steht Mlle. Gabriele Juniori, eine Pariser Sängerin. Mit einem kegelspielenden Elefanten kommt Mr. Thompson und die Eugenis wollen ihren Ruf als Hochturnkünstler von neuem bewähren. Exzentrics sind die Brüder Marko und Griffin und Dubois. Ferner sind die 8 Araber ‚Mulambek' und Herr Skladanowsky mit seinem ‚Bioskop' als neu zu erwähnen. Die deutschen Meisterschaftsturner Sylvester Schäffer, Tschernoff, Valentine Petit, Lona Barrison und Steiner bleiben auch im November."

Das Bioskop war die Schlussnummer und stand in großen Buchstaben als Hauptattraktion auf dem Ankündigungsplakat („Neu! Das Bioscop. Neu!"). Gegen 22 Uhr begann die allererste Vorstellung. Acht kurze Filmstreifen wurden vorgeführt. Skladanowsky stand direkt neben dem mannshohen Doppelprojektor und drehte an

der tellergroßen Kurbel, die vorn am Gerät die Bilder laufen ließ. Ein Augenzeuge beschrieb, was geschah: „Das zuerst durch die Dunkelheit des Saales unruhig gewordene Publikum wurde immer stiller und gar viele sahen wir schließlich mit offenem Munde dasitzen, vor lauter Staunen über das bewegliche Bild auf der weißen Wand." Zu den stummen Bildern schmetterte das große Wintergarten-Orchester populäre Melodien von Johann Strauss und John Philipp Sousa. Nach 15 Minuten war das Spektakel beendet. Ein ratloser Reporter der *Staatsbürgerzeitung* schrieb in seinem Bericht: „Der ingeniöse Techniker benutzt hier ergötzliche Momentphotographie und bringt sie in vergrößerter Form zur Darstellung, aber nicht starr, sondern lebendig. Wie er das macht, soll der Teufel wissen".

Die Vorführung der im Pankower Biergarten gedrehten Szenen hätte jeweils nur ein paar Sekunden gedauert. Doch die einzelnen Filmstreifen waren mit Schuhösen jeweils zu einer Endlosschleife zusammengenietet. So wiederholten sich die Szenen auf der Leinwand wie heute die GIFs auf dem Smartphone. Beim Filmszenenwechsel wurde von einem Nebelbildprojektor jeweils ein Glasdia als Zwischentitel

Ankündigungsplakat für das neue Wintergartenprogramm im November 1895

eingeblendet. Der Ablauf der ersten kommerziellen Kinovorstellung, das rund 15-minütige Wintergarten-Programm vom November 1895, ist bekannt. Hier die Titel der Szenen und die jeweiligen Darsteller der Ultrakurzfilme:

Italienischer Bauerntanz
(Kindergruppe Ploetz-Larella)

Komisches Reck
(Brüder Milton)

Das boxende Känguru
(Mr. Delaware)

Jongleur mit Bällen und Zylinderhut
(Paul Petras)

Akrobatisches Potpourri
(Familie Grunato)

Kamarinskaja/Russischer Nationaltanz
(Gebrüder Tscherpanoff)

Ringkämpfer
(Greiner und Sandow)

Die Erfinder des Bioskops
(Max und Emil Skladanowsky)

Die Attraktion hielt, was sie versprach, und wurde ein Riesenerfolg. Vier Wochen lief das Bioskop im Wintergarten vor ausverkauftem Haus. Ein boxendes Känguru hatte es dem Publikum dabei besonders angetan. Sein Sparringspartner Mr. Delaware musste sich in seinem Kurzfilm mit dem übermannsgroßen Beuteltier auseinandersetzen. Das Känguru trug Boxhandschuhe und teilte ziemlich angriffslustig aus. Die angebliche Boxvorliebe der Tiere ist in Wirklichkeit nur

ein Akt der Selbstverteidigung. Doch seit 1891 war man in Australien und den Vereinigten Staaten verrückt nach solchen Boxkämpfen. Die Mode schwappte dann auch nach Europa über. Der Artist Delaware war mit seiner Nummer seinerzeit im Circus Busch am Bahnhof Börse (heute: Hackescher Markt) engagiert. Skladanowsky hatte den Boxkampf wohl auch dort gedreht. Fazit: Der Film setzte in Sachen Unterhaltung von Beginn an auf Profis.

Der Premierenort Wintergarten hätte nicht besser gewählt werden können. In diesem bekannten Theater erschien die Kunst des Varietés verwandelt in ein neues Medium. Als sich die Brüder Skladanowsky auf der Leinwand im letzten der Filmstreifen verbeugten (diese Aufnahme hatte ausnahmsweise der Lehrling Wilhelm Fenz an der Kamera gekurbelt), schufen sie den vielleicht ersten magischen Moment der Filmgeschichte. Sie überwanden mit ihrer Verbeugung die Grenze zwischen Realität und Illusion. Ihr Gruß galt einem Publikum, das noch gar nicht verstand, welche Zauberkraft soeben von ihm Besitz ergriffen hatte. In den darauffolgenden zehn Jahren sollten die „lebenden Bilder" in fast keinem Varieté mehr fehlen und waren fast immer die Schlussnummer. Als sich das Kino dann mehr und mehr etablierte, ging es auf Kosten des Varietés. Skladanowsky-Biograf Joachim Castan formulierte treffend: „Bis etwa 1907 war das Kino Rausschmeißer im Varieté, erst danach schmiss das Kino das Varieté raus".

Nicht nur die Bewegung, sondern auch darstellendes Spiel bekam im Berliner Wintergarten eine neue Bühne. In Paris sah man wenig später auf der Leinwand der Brüder Lumière eine Lokomotive auf den Bahnhof La Ciotat einfahren und viele weitere dokumentarische Aufnahmen. Bei Skladanowsky in Berlin jedoch, so fasste es Walther Kiaulehn zusammen, wurde das große Thema der Zirkuspantomime mit einer neuen Sprache erzählt. „Mehr war es nicht, doch war es alles." In Berlin kam das Spiel in den Film!

1896 bannte Max Skladanowsky den Aufzug des Wache Unter den Linden auf Film.

Das allererste „Attraktionskino" erzählte bereits klitzekleine Geschichten, in einer neuen Dimension, wiederholbar und dadurch unabhängig von Ort und Zeit. Bis heute können wir das Wintergarten-Programm bestaunen, es wurde digitalisiert und ist online leicht zu finden.

Doch im Wettlauf der Pioniere entschieden nicht Filmideen und Attraktion. Es war das größere technische Können und nicht zuletzt auch geschäftliches Geschick, welches

Auguste und Louis Lumière den Erfolg brachte. Das Brüderpaar (deren Familienname „Licht" bedeutet) hatte es verstanden, einen „Cinématographe" zu konstruieren, der nicht nur als Kamera aufnehmen und kopieren, sondern auch als Projektor vorführen konnte. Gleichzeitig ermöglichte das Gerät gleichmäßige Belichtung längerer Sequenzen, war kompakt und transportabel und wurde so zur Grundlage der modernen Filmtechnik. Als ihre erste öffentliche Filmvorführung am 28. Dezember 1895 im Grand Café am Boulevard des Capucines in Paris stattfand, waren die Lumières längst reiche Industrielle. In ihrer Fotoplattenfabrik in Lyon arbeiteten nicht weniger als 300 Menschen. Ihren Kinematographen konnten sie bereits 1896 mit einer Schar von Vorführern auf Verkaufstour schicken, auch durch Deutschland. So mancher Schausteller ließ sich überzeugen und wurde durch den Kauf zu einem Wanderkinobesitzer.

Max Skladanowsky hatte in Sachen Ruhm und Verdienst das Nachsehen. Finanzielle Mittel, um das Bioskop maßgeblich zu verbessern, besaß er nicht und bekam er auch nicht. Bereits 1897 zog er sich aus dem Filmgeschäft zurück. Fortan produzierte und vertrieb er Abblätteralben, als „lebende Photographien in Buchform" und „Kino für die Westentasche". Solche Daumenkinos sicherten ihm einen bescheidenen Wohlstand. Hauptkonkurrent der Lumières wurde nicht Max Skladanowsky, sondern ein anderer Berliner Filmpionier: Oskar Messter.

EIN WEITERER BERLINER FILMPIONIER: OSKAR MESSTER

Nach der Wintergarten-Premiere im Herbst 1895 konnte vom Kino, wie wir es heute kennen, noch lange nicht die Rede sein. „Sehen Sie, staunen Sie!" – Der mühsame Aufstieg führte den Film zunächst in verrauchte Lokale und Varietés, in Zirkus- und Rummelplatzzelte. Man staunte über das „Theater lebender Photographien mittels elektrischen

Lichts" und zog dann weiter zu Karussells und Luftschaukeln, besuchte Schießstände und Buden für Schnellfotografie und amüsierte sich an Lachkabinetten und russischen Rutschbahnen. Erst nach und nach wurde das Wanderkino dann ortsfest, aber noch bis zum Beginn des Ersten Weltkriegs gab es Jahrmarktkinematographen. Der Kinematographenbesitzer Philipp Leilich spielte 1903 dieses Programm: „Kaiser Wilhelm in Rom, Die Reise nach dem Mond (600 Meter lang), König Eduard in Paris, Ein Hotelbrand in Paris, Jungfrau von Orleans, Ritter Blaubart (in Farben dargestellt), Ali Baba und die 40 Räuber, Robinson". Zur Vorführung spielte ein großes Orchestrion („45 Mann ersetzend"), der Eintritt betrug 20 Pfennig.

Kein Meilenstein, sondern nur eine Fußnote war die Eröffnung des ersten Kinos Deutschlands am 25. April 1896 in Berlin. Im Vorführraum der Deutschen Kinematographischen Gesellschaft, Unter den Linden 21, flimmerten Filme mit Lumière-Projektor aus Frankreich. Doch das Isolargraph-Kino in den Wilhelmshallen bestand nur wenige Monate. Das kunstinteressierte bürgerliche Publikum nahm von den dort gezeigten „lebenden Photographien" überhaupt keine Notiz.

Dem Berliner Optiker und Mechaniker Oskar Messter fiel die neue Jahrmarkts- und Varietéattraktion hingegen auf. 1895 war Messter 28 Jahre alt und Kompagnon in der von seinem Vater Eduard gegründeten Werkstatt für optische und medizinische Geräte. Das Familienunternehmen hatte sich auf Mikroskope für die Trichinenbeschau spezialisiert, stellte aber auch optische Geräte für Schausteller her, etwa Projektionsobjektive für die Laterna magica. Das Stammhaus befand sich in der Friedrichstraße 95. Messter Junior leitete Filialen in der Georgenstraße 29 und der Nussbaumallee 11–13 in Westend.

Oskar Messter begann umgehend mit der Entwicklung eines eigenen Kinoprojektors. Bereits im

Juni 1896 konnte er Geräte an Schausteller verkaufen. Ihr frappierender Erfolg basierte auf der Einführung des sogenannten Malteserkreuzgetriebes. Es verwandelte die kontinuierliche Drehbewegung eines Elektromotors in die für die Projektion notwendige Schrittbewegung. Ebenfalls 1896 eröffnete Messter das erste deutsche Kunstlichtatelier, im vierten Stock des Hauses Friedrichstraße 94a. Gleichzeitig übernahm er das Theater Unter den Linden 21 als Kino. Messter begann mit der Produktion von Filmen, um Kunden, die ihm einen Projektor abgekauft hatten, mit Programmen zu beliefern. Er experimentierte schon um die Jahrhundertwende mit Zeitlupe und präsentierte 1903 im Apollo-Theater „singende und sprechende Photographien".

Dazu wurden Grammophon und Kamera bzw. Projektor über einen gemeinsamen Antriebsriemen gekoppelt. Die vier bis fünf Minuten langen „Tonbilder" – Vorläufer des Tonfilms – wurden für rund

100 Jahre Film in Berlin

„Jeder Berliner trägt ein Stück der Filmstadt im Herzen, Kinos pflastern unseren Lebensweg. Mit jedem Film betreten wir eine magische Welt. Berlin – die Geburtsstadt des deutschen Films und eine der ersten Filmmetropolen der Welt – hat viel zu ihr beigetragen und sicher nicht den unbedeutendsten Teil."

Oliver Ohmann bietet einen wilden Ritt durch mehr als 125 Jahre Film in Berlin. Anregend, mitreißend und wahnsinnig motivierend, sich all die tollen Streifen endlich einmal (wieder) anzusehen!

256 Seiten, 16,5 x 24 cm
Hardcover mit Schutzumschlag
100 Abbildungen
978-3-96201-089-8
€ 26,00 (D) / € 26,80 (A)

www.elsengold.de

Die erste Tonfilmaufnahme in Oskar Messters Atelier in der Friedrichstraße, 1903

zehn Jahre ein Riesenerfolg. Für sie wurden sogar eigene Theater eingerichtet. Schließlich produzierte er im Ersten Weltkrieg die *Messter-Woche* mit Kriegsberichten, die Urform der modernen Nachrichtensendung.

Messter dachte in jeder Hinsicht größer als Skladanowsky. Er war Ingenieur, Erfinder und Unternehmer in einer Person. Wie die Konkurrenten aus Frankreich hatte er genau erkannt, dass er als Filmunternehmer den gesamten Prozess des neuen Mediums in einer Hand haben musste. Mit Oskar Messter begann in Berlin die Geschichte der deutschen Filmindustrie. Der Filmwissenschaft-

ler Thomas Elsaesser nannte Oskar Messter das erste universelle Filmgenie des Wilhelminischen Kinos. „Er allein vereinigte für eine kurze Zeit alle Funktionen, die gewöhnlich – einer rigiden Arbeitsteilung folgend – auseinandergehalten wurden: Erfinder eines (gegenüber dem der Skladanowskys) verbesserten Projektors, Hersteller von Film- und Foto-Ausrüstungen, Direktor einer Filmproduktionsfirma, Produzent und Regisseur, so genannter ‚Tonbilder' (mit synchroner Grammophon-Begleitung), fiktiver Szenen und Aktualitäten (er war der Pionier der Wochenschau), Verleiher und sogar Kinobetreiber." Oskar Messter verkaufte seine Filmgesellschaft 1918 an die neue Ufa. Im Alter widmete er sich der Filmgeschichte, sammelt O-Töne von Filmpionieren, Dokumente, Filme und Apparate. 1943 starb er im Alter von 77 Jahren am Tegernsee.

KINOS ENTSTEHEN

Um Filme zu sehen, braucht man streng genommen kein Kino. Doch können Beamer und Riesenmonitore wirklich das echte Kinoerlebnis ersetzen? Wohl kaum. In den Kin-

derjahren des Films gab es zunächst nur einige temporäre Vorführräume. Wann das erste ortsfeste Kino in Berlin eröffnete, lässt sich nicht genau bestimmen. Am 1. November 1899 soll Otto Pritzkow in der Münzstraße 16 (heute: Grundstück Memhardtstraße 3) ein Ladenkino für zahlende Zuschauer eröffnet haben. Es hatte 100 Plätze, und der Betreiber nannte es „Abnormitäten- und Biograph-Theater". Ob es sich dabei tatsächlich um das erste Kino Berlins handelte, und ob es tatsächlich bereits vor der Jahrhundertwende eröffnete, ist umstritten. Im ansonsten sehr zuverlässigen Berliner Adressbuch tauchte Pritzkow erst 1906 mit einem „Abnormitäten-Theater" auf. Fest steht: 1905 zählte man in Berlin bereits 16 ortsfeste Kinos.

In den sehr frühen „Films" (wie man damals den Plural bildete) gab es noch keine Zwischentitel, denn sie wurden nicht gebraucht. Der Jongleur, die Artistik und das boxende Känguru erklärten sich von selbst. Der rote Textfaden wurde erst nach der Jahrhundertwende üblich und für kompliziertere Filmhandlungen auch notwendig. Um das Geschehen im Film zu verdeutlichen, gab es in Kinotheatern auch Erzähler. Mit lauter

Stimme trugen diese „Filmerklärer" ihren Part zwischen Projektorengeratter und Klavierspiel oder Orchesterbegleitung vor. Den vorgestellten Filmen entsprechend, waren ihre Texte mal sachlich, mal dramatisch, mal komisch oder aberwitzig. Der Vortrag konnte auf Details im Film hinweisen, Schauspieler benennen oder einfach nur zotige Witze reißen. Hans O. Modrow beschrieb es so: „Am amüsantesten waren die Ansager, die zuerst vor der Tür zum Eintritt aufforderten, und dann drinnen im Berliner Dialekt die grausige oder sentimentale Handlung des Films merkwürdig genug erklärten: ‚Jetzt schießt er ihr tot.'" Manchmal gesellte sich auch noch ein Geräuschemacher dazu, manche Erklärer spielten auch selbst ein Instrument. Beispielsweise Geige, wie Armin Mueller-Stahl als alternder Kinoerzähler (im gleichnamigen Film von 1993), der durch die Einführung des Tonfilms seine Berufung verliert.

Doch zurück in die Geschichte. Innerhalb weniger Jahre schossen immer mehr Kintöppe aus dem Boden. 1907 zählte man bereits 139 Kinos in der Stadt (doppelt so viele wie heute). Auch das Lichtspieltheater am Zickenplatz eröffnete in diesem Jahr am Kottbusser Damm 22. Wo der Hohenstaufenplatz im Jahr 1875 angelegt wurde, weideten zuvor Ziegen, daher der Name. Das neue Kino wurde nach seinem Gründer, dem Gastronomen Alfred Topp, auch Topps Kino genannt. Einer Legende nach steckte hier die Wurzel des schönen Begriffs Kintopp (aber man weiß es nicht so genau). Das Kinematographentheater befand sich jedenfalls im ersten

Stock des erst zwei Jahre zuvor errichteten Wohn- und Geschäftshauses. Warum im ersten Stock? Ganz einfach, darunter betrieb Alfred Topp seine Kneipe. Das Kino hatte auch eine Besonderheit, nämlich zwei Säle, die im 45-Grad-Winkel aneinandergrenzten. Getrennt durch eine transparente Leinwand. In einem Saal sah man den Film normal, im anderen spiegelverkehrt. Ein installierter Spiegel drehte das Bild wieder. So bespielte Topp mit nur einem Projektor und einen Film zwei Kinosäle. Die Kinoadresse gibt es bis heute. Topps Kino heißt seit 1984 Moviemento und ist heute nicht nur Berlins, sondern auch Deutschlands ältestes Kino.

Übrigens wurde immer weiter an neuen Kinematographenapparaten getüftelt, und sie trugen die unterschiedlichsten Namen. Werner Reff verdanken wir eine Liste von

Ein „Filmerklärer" informiert über die Handlung des Streifens, daneben sorgt ein Pianist für musikalische Begleitung.

A bis Z: Animatograph, Biograph, Cinematoscope, Daramiscope, Elektroscope, Gethemoneygraph, Hypnoscope, Involograph, Kineopticon, Luminograph, Mutoscope, Originagraph, Phantasmogoria, Rythmograph, Stroboscope, Theatrograph, Vitascope, Wondorscope, X-ograph und Zinematograph. Fest steht: 1910 wurde in Hollywood der erste Film gedreht. Das Nest in Kalifornien hatte damals 500 Einwohner. Berlin hingegen hatte zwei Millionen, rund 150 Kinos und drehte bereits Filme wie am Fließband. Die Geburt der Filmstadt Berlin war gelungen. Nun wartete auf sie eine sehr stürmische Kindheit. ▪

Dieser Beitrag ist ein leicht modifizierter Wiederabdruck aus dem Buch *Klappe! Geschichte der Filmstadt Berlin* von Oliver Ohmann, Elsengold Verlag, Berlin 2022.

DER AUTOR:

Oliver Ohmann, geboren 1969 in Charlottenburg, studierte Deutsche Literatur und Alte Geschichte an der FU und ist langjähriges Mitglied des Vereins für die Geschichte Berlins. Er arbeitet als Journalist und Autor in Berlin. 2010 erschien seine Monografie zur Entstehung des Films *Die Feuerzangenbowle*, zuletzt *Klappe!*, eine Geschichte der Filmstadt Berlin.

LITERATUR:

- Castan, Joachim: *Max Skladanowsky oder der Beginn einer deutschen Filmgeschichte*. Stuttgart 1995
- Elsaesser, Thomas/Wedel, Michael (Hgg.): *Kino der Kaiserzeit. Zwischen Tradition und Moderne*. München 2002.
- Kreimeier, Klaus: *Traum und Exzess. Die Kulturgeschichte des frühen Kinos*. Wien 2011
- Verein Die ersten 100 Jahre Kino in Berlin e.V. (Hg.): *Die Berliner Wiege des Films*. Berlin 1995

Kai-Uwe Merz

HAUPTROLLE BERLIN
Betrachtungen über die Metropole und ihre filmischen Porträts

Der unvollständige Durchgang dieser Betrachtung erweist das Potenzial der Filmmetropole Berlin, immer wieder selbst Hauptrollen zu übernehmen. Die Stadt ist Filmemachern wert, sie im Spiegel ihrer Geschichten von Menschen abzubilden. Film konserviert historische Zustände und Befindlichkeiten für die Nachwelt. Filme werden Quellen, die in der Zukunft Kunde geben vom Berliner Leben vergangener Epochen. Berlin – diese Stadt ist immer wieder der Star.

BERLIN-FILME IN DER WEIMARER REPUBLIK

Die Stadt ist der Star. Wir sehen hastende Menschen. Es sind Berlinerinnen, Berliner, Gäste, Fremde. Das Publikum der deutschen Hauptstadt, der Hauptstadt Preußens. Rasende Eisenbahnen, flitzende Automobile, eilige Radler, die Fußgänger. Das alles ist neu. Die Hektik, die verschlingenden Energien, die von der Stadt ausgehen. Walther Ruttmann hat 1927 den Ur-Film Berlins geschaffen. *BERLIN – Die Sinfonie der Großstadt*. Sein Erfolg beruht darauf, dass das, was er bezeugt, neu war. Die Stadt als riesenhaftes, vielköpfiges Wesen mit all seinen Begleiterscheinungen, Auswirkungen, Lebensäußerungen.

Wir hören die Geräusche, den Lärm, auch die Ruhe, die von der Menschenansammlung Berlin ausgeht. Obwohl wir nichts hören. Denn Ruttmanns Film ist stumm. Und doch ist dieser Streifen das sprechendste Porträt dieses ewigen Berlins, das es gibt. Denn dieses Bild der Metropole an der Spree ist unnachahmlich, Maßstab aller, die diese Stadt später auf Zelluloid gebannt haben und sie so auf die Leinwände der Kinos, viel später auf die flimmernden Bildschirme gebracht haben, auf deren vergleichsweise winziger Bildfläche der Eindruck der großen Stadt immer zu klein sein wird.

Ruttmann zeigt die Schichten, die oben, die unten. Der Zuschauer sieht sie, und es sieht jeder seinen eigenen Film Berlins. Denn das Kopfkino der Betrachter erzeugt in jedem

Hirn seinen eigenen Berlin-Film. Die Stadt hat die Hauptrolle, und verschiedene Menschen sehen andere Filme über Berlin, wenn sie diese *Sinfonie der Großstadt* erleben. Gerade dieser Umstand gibt diesem Film seinen ewigen Bestand. Berlin bedeutet immer anderes für verschiedene Menschen, die ihre eigenen Geschichten mit dieser Stadt haben, die in den Szenen, Bildern, Situationen immer anderes erkennen. Es bedeutet anderes für die Menschen in ihren Zeiten, mit ihren neuen historischen Erfahrungen.

In Berlin kristallisiert Geschichte, schlägt sich nieder, wirkt sich aus, wie die Stadt und ihre Menschen von Geschichte niedergeschlagen, zerstört, malträtiert werden. Das geschieht nicht jeder Stadt, und es geschieht ihnen nicht in derartiger Intensität, wie es Berlin erfahren musste. Ja, musste, denn die Glücksmomente sind selten. Und ist das Ende von Leid, Krieg, Vernichtung wirklich schon ein Glücksmoment, wo doch der Neubeginn nach der die Menschen täuschenden Mär von der „Stunde null" unendlich schwer sein wird?

Ruttmann zeigt die Wirklichkeit des Berlins seiner Gegenwart. Nichts weiter. Wir heutigen sehen Menschen, die nicht mehr leben, Bilder aus dem Leben Toter. Und doch erleben wir ihr pralles Leben. Wir erahnen den drohenden Moloch, denn wir sehen den Schmutz, die Not, die Armut. Und geheimnisvoll eröffnet

sich die Assoziation zu Fritz Langs *Metropolis* aus dem gleichen Jahr, einem futuristischen Gesellschaftsfilm, der eine schreckliche zukünftige Welt erschafft. Das Oben und das Unten sind geronnen. Freiheit kennt Langs Stadt nicht mehr. Lang hat diesen Film in Berlin erdacht, mit seiner Frau Thea von Harbou, die bald ihrer Sympathie für die Nationalsozialisten erliegen wird, während Lang nach Amerika geht, von wo ihn Atze Brauner nur noch kurz nach West-Berlin zurückholen wird. Wenn uns hier auch Film interessiert, der dem Zuschauer Berlin zeigt, nicht Film, der in Berlin bloß gedreht, produziert, finanziert worden ist, die Frage darf sein: Wie viel Berlin steckt in diesem, eben auch, Stadt-Porträt *Metropolis*? Natürlich ist da kein reales Berlin. Aber vielleicht ist da ein künftiges Berlin, ein Albtraum

Heinrich George als Franz Biberkopf in der Verfilmung von Alfred Döblins *Berlin Alexanderplatz* von 1931

Berlin. Zieht Lang die Linien dessen in die Zukunft, was er in seiner Lebenswelt wahrgenommen, erspürt, erahnt hat? Tendenzen, Perspektiven, Ängste des Berlins der 1920er-Jahre? Zeigt Lang uns auf der Leinwand gar Gesichte einer Berliner Zukunft, die uns vielleicht im 21. Jahrhundert noch immer drohen könnte?

Das Berlin dieser Zwischenkriegszeit ist kein goldenes Paradies. Für zu viele seiner Bewohner ist das Wort von den „goldenen" 1920er-Jahren mehr als nur Hohn angesichts ihrer sozialen Situation, ihrer bedrängten Lage, nicht mal *katzengolden* würden sie diese Epoche genannt haben. Ihr künstlerischer Ausdruck im Bewegtbild ist der von Heinrich George initiierte und mit ihm als Franz Biberkopf besetzte, noch mit den Mitteln des Kinos experimentierende Streifen *Berlin Alexanderplatz* von 1931. Der Autor des diesem Werk zugrundeliegenden Berlin-Romans, Alfred Döblin, war offen, sogar begeistert von den ungeahnten Möglichkeiten der Vermittlung durch das noch neue Medium des Tonfilms. Und dieser Film gibt ein menschlich-unmenschliches Bild des Berlins dieser Jahre vor der Machtübernahme. Vermittelt durch Döblins Figuren und ihre Geschichten ersteht das Bild einer unmenschlichen Metropole, die in den Leben ihrer Bewohner mit ihren Zwängen, Drangsalierungen, Verführungen die Hauptrolle spielt. Dieser Stadt kann sich auch der Biberkopf des Films nicht entziehen. Er wird vernichtet. Wie futuristisch ist Langs Stadt namens *Metropolis* also gewesen?

Dieser *Alexanderplatz* von 1931 ist seinerseits ebenfalls zum Ur-Film Berlins geworden, freilich von anderem Grundmuster. Die Fabel, die als Spiegel der Stadt funktioniert, ist immer wieder in filmischer Inszenierung, bald auch fernsehgerecht, neu eingerichtet worden. Rainer Werner Fassbinder malt dieses Berlin-Gemälde opulent mit dem Berliner Günter Lamprecht in der Hauptrolle. Und die Vergegenwärtigung von Döblins Fabel mit dem schwarzen Flüchtling Francis in der deutsch-niederländischen Produktion *Berlin Alexanderplatz* be-

Filmplakat zu Leo de Laforgues *Symphonie einer Weltstadt*

chrieb die Tageszeitung *Die Welt* am 26. Februar 2021 so: „So entsteht ein 3erlin-Universum, das gleichzeitig löblinsch ist und heutig und doch iberhaupt nicht jene Stadt, die wir ıus ‚Berlin, Berlin'-Filmen kennen." Es ist das gleiche Berlin wie 90 Jahe zuvor, und doch ist es ein ganz nderes Berlin. Es ist uns fremd, weil ıns die soziale Welt, die der Film rzählt, fremd ist, aber die Stadt, lieses Berlin des 21. Jahrhunderts, las meinen wir zu kennen. Wichtig st aber festzuhalten: Noch immer st Döblins Roman die Basis, das nstrument, um dem gleichen, doch nittlerweile ganz anderen Berlin ein aktuelles, neues Antlitz abzuıehmen. Deshalb ist Döblins Roman Weltliteratur, dessen Verfilmungen inschließlich der ersten von 1931 vahrscheinlich diesem Rang aber ıiemals entsprechen werden.

Verwandt dem Stoff von Döblin st *Kuhle Wampe oder: Wem gehört lie Welt?* von 1932. Diesem Berlin-Film verdankt sein Regisseur Slatan Dudow im sozialistischen Lager Deutschlands den Ruf, Vater des proletarischen Films zu sein. Berlin, las ist auch das grüne Berlin der Vororte, der Wochenenden, der -Bahnfahrten. In dieser Szeneie sehen wir in *Kuhle Wampe* die ozialen Konflikte, in parteilicher, kommunistischer Sicht. Da wird Berlin die ideologisch interpreierte Metropole der ersehnten, rhofften, bevorstehenden ozialistischen Revolution. Dudow erzählt den Freitod ines an Arbeits- und Hoffıungslosigkeit verzweifelnden Arbeiters, schildert Kampf und Leben der Berliner Arbeiterchaft in der Weltwirtschaftskrise. In *Kuhle Wampe* hat das Lied mit dem Refrain *Vorwärts, und nicht vergessen: die Solidarität!* seinen Ursprung. Die erste Montage ist bei *Kuhle Wampe* als Ortsmarke „[…] Aufblende. Brandenburger Tor, obere Hälfte". Es geht um Berlin.

DIE ZEIT DES NATIONALSOZIALISMUS

Und nach 1933? Die Riefenstahl? Sind die Olympiafilme der Berlinerin aus dem Wedding nicht auf ihre grauenhafte Weise dennoch Berlin-Porträts, wenn auch ideologisch verzerrte, übertriebene, monumentalisierte? Schauplatz dieser scheinbar dokumentarischen Werke ist wiederum Berlin, sein nagelneues Olympiastadion. Sehen wir in den Athleten etwa schon die idealisierten Bewohner von Hitlers Alptraummetropole *Germania*, die er mithilfe Albert Speers und Arno Brekers und so vieler anderer architektonischer und bildhauerischer Helfershelfer aus der Utopie in den realen Raum der Stadt implantieren wollte, die in der sieghaften nationalsozialistischen Zukunft einmal *Berlin* geheißen hatte? Dabei haben wir die Propagandafilmchen vor Augen, die schon den Vorgeschmack der verbrekerten Despoten- und Sklavenstadt liefern.

Kaum bekannt ist der Filmemacher Leo de Laforgue, der genannt werden muss, wenn von der Hauptrolle Berlins auf den Kinoleinwänden die Rede ist. Er war nach dem Ersten Weltkrieg nach Berlin gekommen, war filmbegeistert, schrieb und malte, arbeitete als Bühnenbildner für die Max-Reinhardt-Bühnen, gehörte 1936 zu den Mitarbeitern Leni Riefenstahls. Im Zweiten Weltkrieg war er ein vielfach ausgezeichneter Kriegsberichterstatter. Die künstlerischen Absichten von Laforgue sind erkennbar, wenn man seine Produkte anschaut, mehr noch bei dem mit *Symphonie einer Weltstadt* betitelten Streifen mit dem Gegenstand *Berlin wie es war* von 1941. Der Titel schon ist Paraphrase. Doch auch

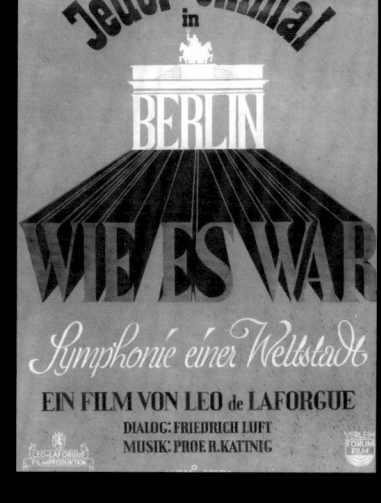

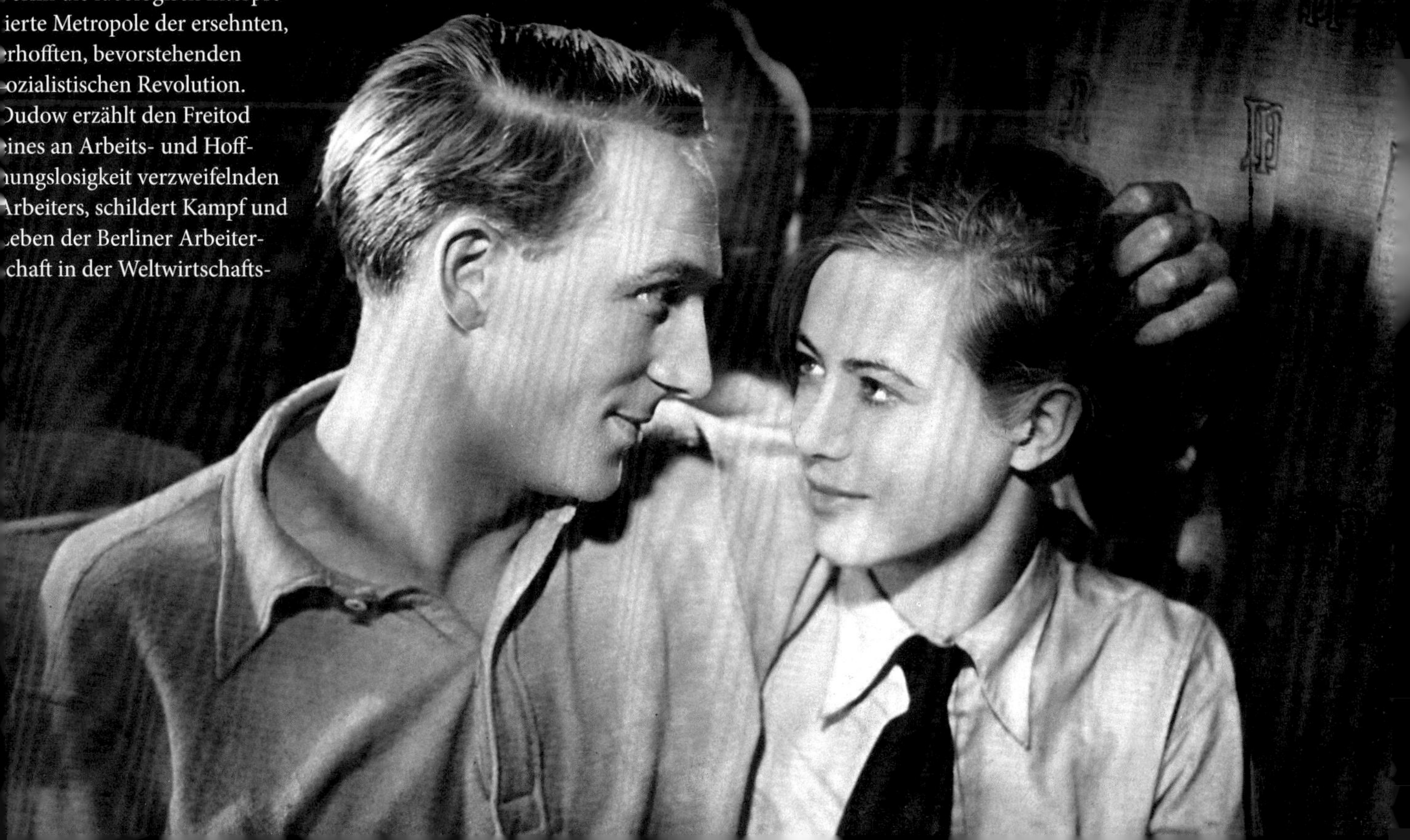

Ernst Busch und Hertha Thiele in *Kuhle Wampe oder: Wem gehört die Welt?* von 1932

Mythos Babelsberg

Babelsberg gehört heute zu den größten und modernsten Medienstandorten in Europa. Seit 1911 stehen in der Traumfabrik im größten Stadtteil Potsdams deutsche und internationale Filmschaffende vor und hinter der Kamera – von Alfred Hitchcock bis Steven Spielberg, von Marlene Dietrich bis Kate Winslet. Sebastian Stielke präsentiert in diesem Buch 100 unterhaltsame und verblüffende Fakten über Drehorte, Filme, Stars und technische Meisterleistungen in Geschichte und Gegenwart.

„Sebastian Stielke hat mit ‚100 Facts About Babelsberg' ein Buch über die lokale Filmgeschichte geschrieben, das selbst Filmfans noch schlauer macht."
Märkische Allgemeine Zeitung

240 Seiten, 12,5 x 19 cm
Paperback
412 teilweise farbige Abbildungen
ISBN 978-3-86124-746-3
€ 16,00 (D) / € 16,50 (A)

nicht akzeptierten Stadtporträt in Schwarzweiß gelang es Laforgue keinen Zentimeter Filmstreifen lang, das Niveau von Walther Ruttmanns Meisterwerk von 1927 *Berlin – Die Sinfonie der Großstadt* zu erreichen, der als Stummfilm ohne gesprochenen Kommentar auskam. Der Film von 1941 stellt uns ein Berlin vor Augen, das kurz darauf zerstört sein wird. Die Kinofassung von 1950 ist eine mit Trauer zurückblickende Berlin-Dokumentation, deren Verdienst darin liegt, dieses letzte Mal das *alte* Berlin in bewegten Bildern festgehalten zu haben. Darin liegt eine Leistung, die der des Berlin-Malers Otto Nagel vergleichbar ist, der nach dem Verbot, im Atelier zu arbeiten, während des Bombenkriegs draußen in der Stadt auf seinem Stühlchen sitzend die letzten Bilder der alten Stadt schuf.

NACH DEM KRIEG

Der wohl eindrucksvollste Berlin-Film, dessen Gegenstand das Kriegsende und die Schlacht um Berlin 1945 sind, ist der 1968 entstandene Film *Ich war neunzehn*

von Konrad Wolf, der zugleich eine wenn auch vom Regisseur dementierte Darstellung eines zentralen Abschnitts seiner eigenen Biografie ist. Berlin ist nicht sichtbar, nur in Indizien wie in dem irgendwo in der Landschaft gestrandeten BVG-Doppeldecker mit der Werbung für *Juno*-Zigaretten. Die wahre Geschichte der von Konrad Wolf in den letzten Kriegstagen als Dolmetscher mitbetriebenen Übergabe der Zitadelle Spandau wird erzählt, gedreht allerdings nicht am Ort in West-Berlin, sondern in Küstrin. Trotzdem spielt Berlin die Hauptrolle, denn die Rotarmisten kämpfen nur noch darum, die Hauptstadt des schon daniederliegenden Dritten Reichs zu erobern. Ihr Schlachtruf lautete: „na Berlinje – nach Berlin".

Slatan Dudows letzter abgedrehter Film spielt im als sozialistischer Hauptstadt des zukunftsvollen SED-Staats dargestellten Ost-Berlin. Die *Verwirrung der Liebe* von 1959 mit Angelica Domröse in ihrer ersten Rolle entwirft mit komödiantischen Mitteln eine zukunftsgewandte, nur noch zurückhaltend ideologisch aufgeladene junge Lebenswelt. Anscheinend sind die jungen Menschen frei, ungegängelt, das System beja-

Werbeplakat für Slatan Dudows Streifen *Verwirrung der Liebe* von 1959

hend. Lebensfreude statt Lebenslast kommen zum Ausdruck. Genuss tritt an die Seite von Studium, Arbeit, gesellschaftlicher Pflicht. Da wird ein Berlin erkennbar, das auf dem Weg zum *sozialistischen Paradies* ist. Seltsam abwesend, aber dennoch

in stummer Hauptrolle ist Berlin, gemeint ist West-Berlin, in Konrad Wolfs Verfilmung von Christa Wolfs Roman *Der geteilte Himmel*. Verblüffend bleibt, dass dieser DEFA-Film von 1964 überhaupt möglich gewesen ist. West-Berlin wird nur gezeigt in Markenprodukten aus den Paketen von dort oder in der Erwähnung eines dorthin geflüchteten Funktionärs. Zum Ende wird es aber zum Schauplatz, an dem sich entscheidet, dass der Systemkonflikt des geteilten Landes sich dort für das Leben der beiden jungen Menschen vollendet. Denn das Paar trennt sich. Die Liebe vermag die ideologische Divergenz nicht zu überwinden. West-Berlin ist die Alternative, der andere Lebensentwurf, bleibt aber der gegnerische Pol.

Erwähnt zu werden verdient für das Berlin der Mauerjahre wegen der seltenen Bilder auch das zweite nach wie vor sehenswerte filmische Stadt-Porträt Laforgues. Der 1964 fertiggestellte Film *Gigant Berlin* mit dem Untertitel *Die erregendste Stadt der Welt* sollte vom Filmemacher als offizieller Berlin-Film vermarktet werden, fand aber bei offiziellen Stellen in West-Berlin keinen Anklang. Gedreht wurden die Bilder zwischen 1957 und 1963. Der Farbfilm *Gigant Berlin* ist ein Porträt West-Berlins, das eine moderne Metropole dokumentiert. Dafür steht das Hansaviertel. Noch sind Dampflokomotiven auf den Gleisen unterwegs und das monotone Hämmern der beim U-Bahnbau eingesetzten Dampframmen ist zu hören, die damals an vielen Stellen der Stadt eingesetzt

waren. Wir sehen Sprengungen von Ruinen, darunter von Teilen der Kaiser-Wilhelm-Gedächtniskirche. Eindrucksvoll sind die Farbbilder von Mauerbau und Kennedy-Besuch ebenso wie die Szene von Marlene Dietrich bei ihrem Abflug, die recht eigentlich nachrichtlichen, keineswegs mehr irgendwie künstlerischen Charakter haben.

Ein sich weiter von Parteivorgaben lösendes Bild Berlins zeigen auf ihre je eigene Weise die beiden Ost-Berliner Filme *Die Legende von Paul und Paula* von 1973 nach dem Roman von Ulrich Plenzdorf und der letzte Konrad-Wolf-Film *Solo Sunny* von 1980. Rückblickend zeigen sie die Erosion der Glaubwürdigkeit des DDR-Staats und erwecken die Illusion, dass glückliches, erfülltes Leben in den privaten Nischen dieses Systems eben doch möglich sein könnte. Wim Wenders'

Der Himmel über Berlin: Bruno Ganz (l.) als Engel Damiel und Peter Falk als Filmstar an einem Imbissstand

Der Himmel über Berlin zeigt dem Zuschauer 1987 das West-Berlin der letzten Phase vor dem Fall der Mauer. Zwei Engel, verkörpert von den auch auf West-Berliner Bühnen aktiven Mimen Otto Sander und Bruno Ganz, reflektieren das Menschsein und seine Möglichkeiten, diesem Dasein zu entkommen, und es ist am Ende eine Hommage an diese Existenz im Dazwischen der westlichen Stadthälfte, die eigentlich nicht mehr recht weiß, wohin sie soll. Leander Haußmanns *Sonnenallee* blickt 1999 dann schon von Mauer und Teilung befreit auf die Zeit der 1970er-Jahre zurück. 2003 folgt in ähnlich komödiantischer Manier Wolfgang Beckers *Good Bye, Lenin!* Das sind Filme mit dem Schauplatz Berlin, die mit einer melancholischen Leichtigkeit dennoch getragen sind vom Glück der 1989 gewonnenen Einheit der Stadt. ▪

DER AUTOR:

Dr. **Kai-Uwe Merz** wurde 1960 in Berlin geboren. Er studierte Geschichte und Germanistik an der Freien Universität, arbeitete dort als Wissenschaftlicher Mitarbeiter und promovierte 1990. Bis 2000 war Merz Redakteur und Ressortleiter u. a. bei der Zeitung *B.Z.* und beim *Berliner Kurier*. Heute arbeitet er im Presse- und Informationsamt des Landes Berlin. Im Elsengold Verlag erscheint seine mehrbändige Berliner Kulturgeschichte.

LITERATUR:

▪ *Bertolt Brecht. Kuhle Wampe. Protokoll des Films und Materialien*, ediert von Wolfgang Gersch und Werner Hecht. Frankfurt am Main 1969.
▪ Herlinghaus, Hermann: *Slatan Dudow*. Berlin 1965.
▪ Merz, Kai-Uwe: *Vulkan Berlin. Eine Kulturgeschichte der 1920er-Jahre.* Berlin 2020.
▪ Merz, Kai-Uwe: *Eiszeit Berlin. Eine Kulturgeschichte des Kalten Kriegs.* Berlin 2022.
▪ Sevin, Dieter: *Christa Wolf. Der geteilte Himmel. Nachdenken über Christa T.* München 1988.

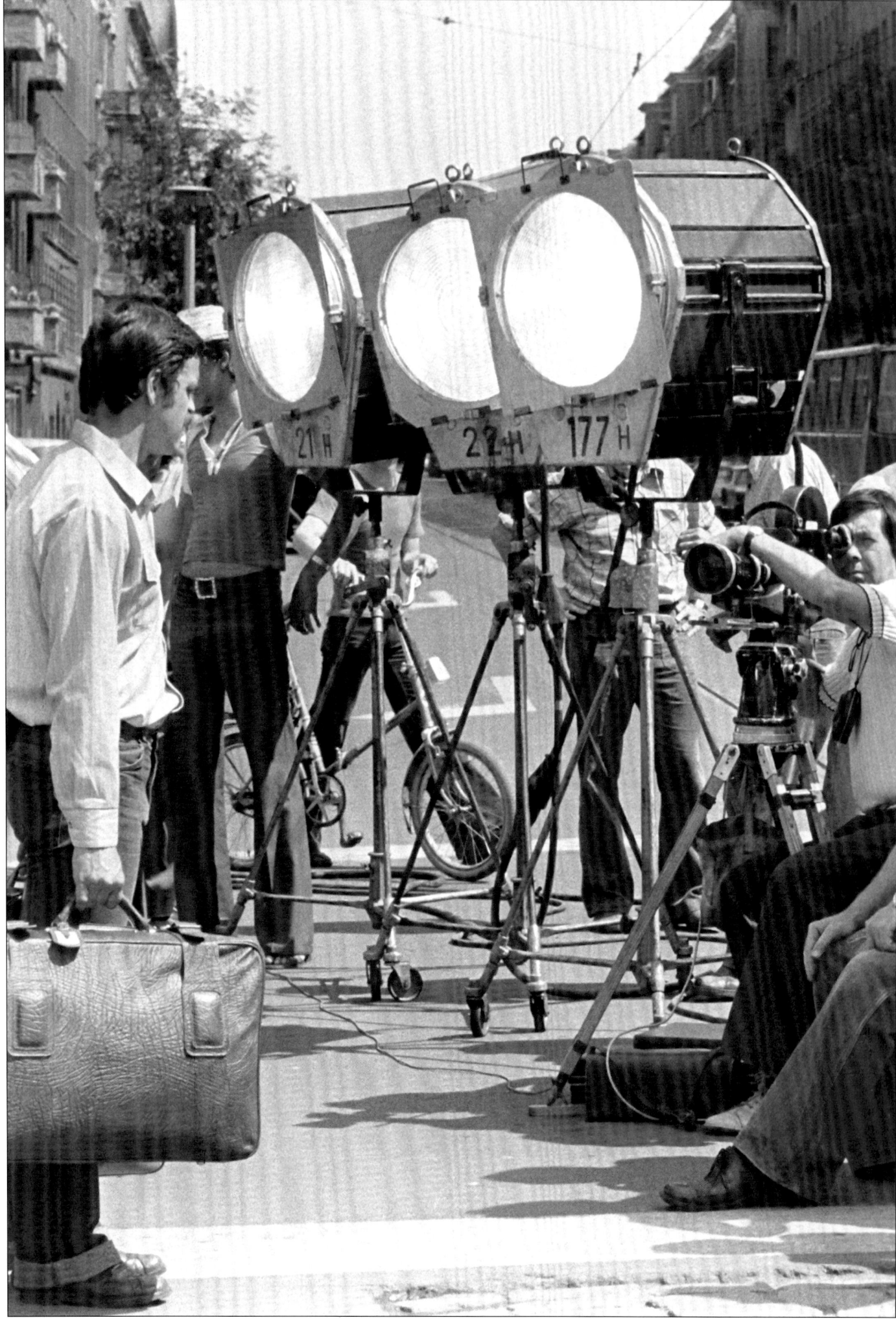

Markus Münch-Pauli

DREHORT BERLIN

„Action, bitte!" heißt es in Berlin bis zu 40-mal täglich. Ob Spielfilm, Kurzfilm, Werbung oder TV-Serie, die Hauptstadt ist als Drehort beliebt, auch international. Die Stadt als Filmkulisse ist dabei keine Entdeckung des 21. Jahrhunderts, seit der Erfindung der ersten Filmkamera wurden auch Berliner Straßen, Plätze, Häuser und Menschen auf Zelluloid gebannt. Zwei dieser Drehorte, der Reichstag und das Alte Museum mit dem Lustgarten, werden hier exemplarisch vorgestellt und historisch eingeordnet.

SCHIESSEREI IM REICHSTAG: *DIE SPUR FÜHRT NACH BERLIN* (D 1952) VON FRANZ CAP

Der ehemalige Bundestagspräsident Wolfgang Thierse hat 2004 ein Machtwort gesprochen: „Das Bundestagsgebäude sollte nicht für kommerzielle Zwecke genutzt werden." Damit hatte Tom Cruise das Nachsehen und eine heiß diskutierte, völlig unpolitische Angelegenheit war nicht länger Thema im Deutschen Bundestag. Der Hollywood-Star (und in diesem Falle auch Produzent) Cruise wollte 2004 den dritten Teil der Action-Reihe *Mission: Impossible* unter anderem im Reichstagsgebäude drehen. Berlin hatte bei internationalen Produktionen gerade Hochkonjunktur: *Die Bourne Verschwörung* und *In 80 Tagen um die Welt* waren kaum abgedreht, da berichtete die Lokal-

presse, Tom Cruise durchstreife die Stadt auf der Suche nach geeigneten Locations. Mit dem Reichstagsgebäude hatte er mehr vor, als es nur im Hintergrund zu zeigen: Er wollte rein! Zwar war offenbar nur eine kurze Dialogszene in der Kuppel vorgesehen und keine wilde Schießerei im Plenum – für eine kontroverse Debatte reichte es allemal. Die 601 Hausherren, die Abgeordneten des Bundestages, verwiesen die Entscheidung schließlich an den Ältestenrat des Parlamentes. Dessen Vorsitzender Thierse entschied, dass die Würde des Hauses mehr zähle als der Werbeeffekt durch einen Auftritt im Film. Dabei musste er die Drehgenehmigung für zwei ältere Fernsehproduktionen verteidigen, denn sowohl der Kinderkanal als auch die ZDF-Reihe *Die schnelle Gerdi* (mit Senta Berger) durften schon im sanierten Reichstagsgebäude drehen. Das eine war

FILMSCHAUSPIELER IN GEFAHR So dramatisch, spannungs- und action-geladen die Handlung von *Die Spur führt nach Berlin* auch ist, die Kritiker ließ der Reißer in Hollywood-Manier kalt. Lediglich die Außenaufnahmen von Berlin wurden positiv hervorgehoben: „Trotz seiner Narben ist das Gesicht der Stadt reizvoll und fotogen", kommentiert etwa die *Abendpost*. Nicht nur rückblickend, auch bei der Erstaufführung im Jahre 1952 dürften vor allem die Innenansichten des Reichstags für Zuschauer interessant gewesen sein. Das Gebäude war damals eine Ruine. Bombardements und der Kampf um Berlin hatten den Hochrenaissance-Bau schwer in Mitleidenschaft gezogen. Für die Öffentlichkeit war er aus Sicherheitsgründen gesperrt. Auch das Filmteam der Produktionsfirma CCC durfte erst hinein, nachdem das zuständige Verwaltungsamt für ehemaligen

Senta Berger bei Dreharbeiten zur Serie Die schnelle Gerdi vor der Reichstagskuppel

eine politische Bildungssendung, und Taxifahrerin Gerdi setzte sich immerhin mit Parlamentariern auseinander. Nicht ins Gewicht fiel bei der Diskussion, dass 1952 mit *Die Spur führt nach Berlin* bereits ein Actionfilm im heutigen Bundestag gedreht worden war – inklusive wilder Schießerei.

Reichsgrundbesitz ein Gutachten hatte erstellen lassen. Danach waren viele Bereiche einsturzgefährdet. Vor allem die Reste der stählernen Kuppel bildeten eine Gefahr und wurden zwei Jahre später entfernt.

Wegen der riskanten Situation schlossen die Produzenten von *Die Spur führt nach Berlin* zusätzliche

Filminhalt *Die Spur führt nach Berlin*

Der klassische Krimi aus dem Hause des umtriebigen Berliner Produzenten Artur Brauner beginnt in schwindelerregender Höhe: auf der Aussichtsplattform des Westberliner Funkturms. Hier streiten zwei nervös dreinblickende Männer, die ganz offensichtlich nicht wegen der Aussicht heraufgekommen sind. Plötzlich fällt ein Schuss, und einer der beiden sackt tot zusammen. Als der Mord entdeckt wird, ist der zweite Mann bereits verschwunden, doch die Polizei ist schnell auf seiner Fährte. Es beginnt eine furiose Verfolgungsjagd quer durch West-Berlin, die mit dem Entkommen des Mörders in den Ostsektor der Stadt erfolglos endet. Während die Polizei ihre Ermittlungen aufnimmt und sich dabei auf ein Bündel gefälschter Dollarnoten konzentriert, kommt die männliche Hauptfigur, Anwalt Gordon Roberts (Gordon Howard) gerade erst in Berlin an. Er soll den Erben einer Farm ausfindig machen. Über das Melderegister gelangt er aber nur an dessen Tochter Vera Dornbrink (Irina Garden). Sie reagiert sehr nervös auf die Frage nach ihrem Vater und teilt mit, er sei verstorben. Doch der Anwalt glaubt ihr nicht. Nach einem Rendezvous mit Vera folgt Roberts einem Hinweis und gerät im Humboldthafen in einen Hinterhalt. Er wird niedergeschlagen, ins Wasser geworfen und nach der Rettung durch die Ost-Berliner Polizei von den Russen festgehalten. Währenddessen verdichten sich im Mordfall die Hinweise auf einen internationalen Geldfälscherring. Nach Erkenntnissen der Ermittler stammen die Druckplatten für die Blüten aus der Hand von Karl Dornbrink (Paul Bildt), Veras Vater. Er wurde im Zweiten Weltkrieg zur Mitarbeit in einer staatlich organisierten Fälscherbande gezwungen,

Die Polizei folgt der Spur gefälschter Dollarnoten

soll aber bei Kriegsende ums Leben gekommen sein. Während die Polizei weiter im Dunkeln tappt, kommt Gordon Roberts nach seiner Flucht aus russischem Gewahrsam den Geldfälschern auf die Spur. Sie verstecken sich in einem Kellergewölbe in der Nähe des Reichstags. Karl Dornbrink arbeitet dort unter Zwang, seine Tochter schweigt aus Angst um den Vater. Roberts alarmiert die Polizei, die mit einer Hundertschaft anrückt und die Ganoven durch dunkle Katakomben bis ins Reichstagsgebäude jagt. Dort kommt es nach einer Massenschießerei zum Showdown: Gangsterboss Pratt (Kurt Meisel) droht – auf dem Dach in die Enge getrieben –, Vera zu töten. Doch Roberts ist schneller.

Irina Garden und Gordon Howard vor den Stahlrippen der Kuppel des Reichstagsgebäudes

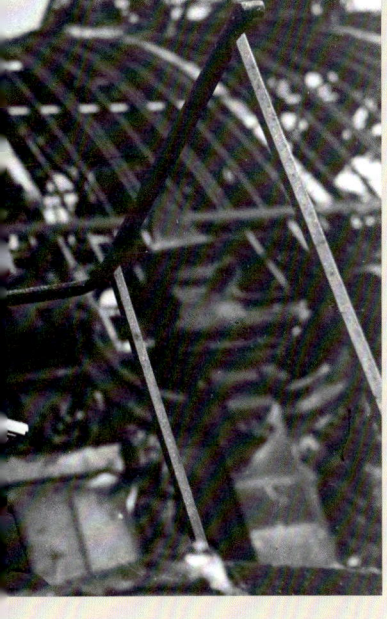

Versicherungen für die Schauspieler ab. Zu Schaden kam schließlich niemand – allerdings nur mit Glück. Das verdeutlicht eine Episode, die im Presseheft zum Film unter dem Titel „Filmschauspieler in Lebensgefahr" geschildert wird: „Der Journalist, der in den gewaltigen Ruinen des ehemaligen Reichstagsgebäudes in Berlin einige Stunden lang den Dreharbeiten für den CCC-/Prisma-Film ‚Die Spur führt nach Berlin' beigewohnt und anschließend in dem zur Kantine umgewandelten, leidlich erhaltenen Treppenhaus mit den Bühnenarbeitern zusammen ein paar Flaschen Bier getrunken hatte, spürt heute noch ein Herzklopfen, wenn er an jenen bemerkenswerten Tag zurückdenkt. Denn am anderen Morgen wurde ihm telefonisch die Nachricht übermittelt, daß wenige Stunden nachdem er das Gebäude verlassen hat, die Decke des Treppenhauses eingestürzt sei und gewaltige Steinblöcke die Tische und Bänke der Kantine in tausend Trümmer zerschlagen hatten."

Der lange Weg zum Demokratie-Symbol Die Geschichte des Reichstags ist eng mit der Entwicklung der Demokratie in Deutschland verbunden. Irreführend ist dabei die nahe liegende Gleichsetzung der Silbe „Reich" mit der Nazidiktatur. Der ursprüngliche Reichstag trat 1871, lange vor dem Wirken der Nazis, erstmals zusammen. Die Volksvertretung hatte damals so viel demokratisch legitimierte Macht wie kein deutsches Parlament zuvor. Ihre Wurzeln gingen auf die Märzrevolution 1848 und das sogenannte Paulskirchenparlament zurück. Die demokratische Entwicklung jener Tage wurden zwar durch die Gegenrevolution zurückgedrängt, doch die Idee der Volksherrschaft blieb aktuell. Nach dem Sieg über Frankreich und der daraus resultierenden Gründung des „Zweiten Deutschen Reichs" 1871 wurde der Reichstag zu einer festen Institution.

Sein direkter Einfluss blieb, trotz vergleichsweise hoher demokratischer Legitimation, gering. Der deutsche Kaiser war herrschendes Staatsoberhaupt, der von ihm ernannte Reichskanzler dem Parlament keine Rechenschaft schuldig. Darüber hinaus gab es noch das „Herrenhaus", ein Adelsparlament mit großem Einfluss.

Dennoch war der Reichstag wichtig. Selbst ein so starker Kanzler wie Otto von Bismarck war auf seine Unterstützung angewiesen. Der wachsenden Bedeutung des Parlaments verlieh auch der Neubau am heutigen Platz der Republik – damals noch Königsplatz – entsprechenden Ausdruck. Von der ersten Idee für einen Neubau 1871 bis zum Baubeginn 1884 gab es allerdings einiges Hin und Her. Die Baukommission hatte sich nämlich ausgerechnet einen Standort ausgesucht, an dem ein Freund der Königsfamilie, Athanasius Graf Raczynski residierte.

Als dieses Problem nach rund zehn Jahren endlich gelöst war, musste der Bauplan neu ausgeschrieben werden. Denn nach mehreren Jahren Arbeitserfahrung des Parlaments konnte man die Raumbedürfnisse besser einschätzen. Auch während des Baus unter Leitung des Architekten Paul Wallot gab es Kom-

Das 1894 fertiggestellte Reichstagsgebäude im Jahr 1905

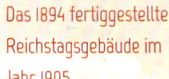

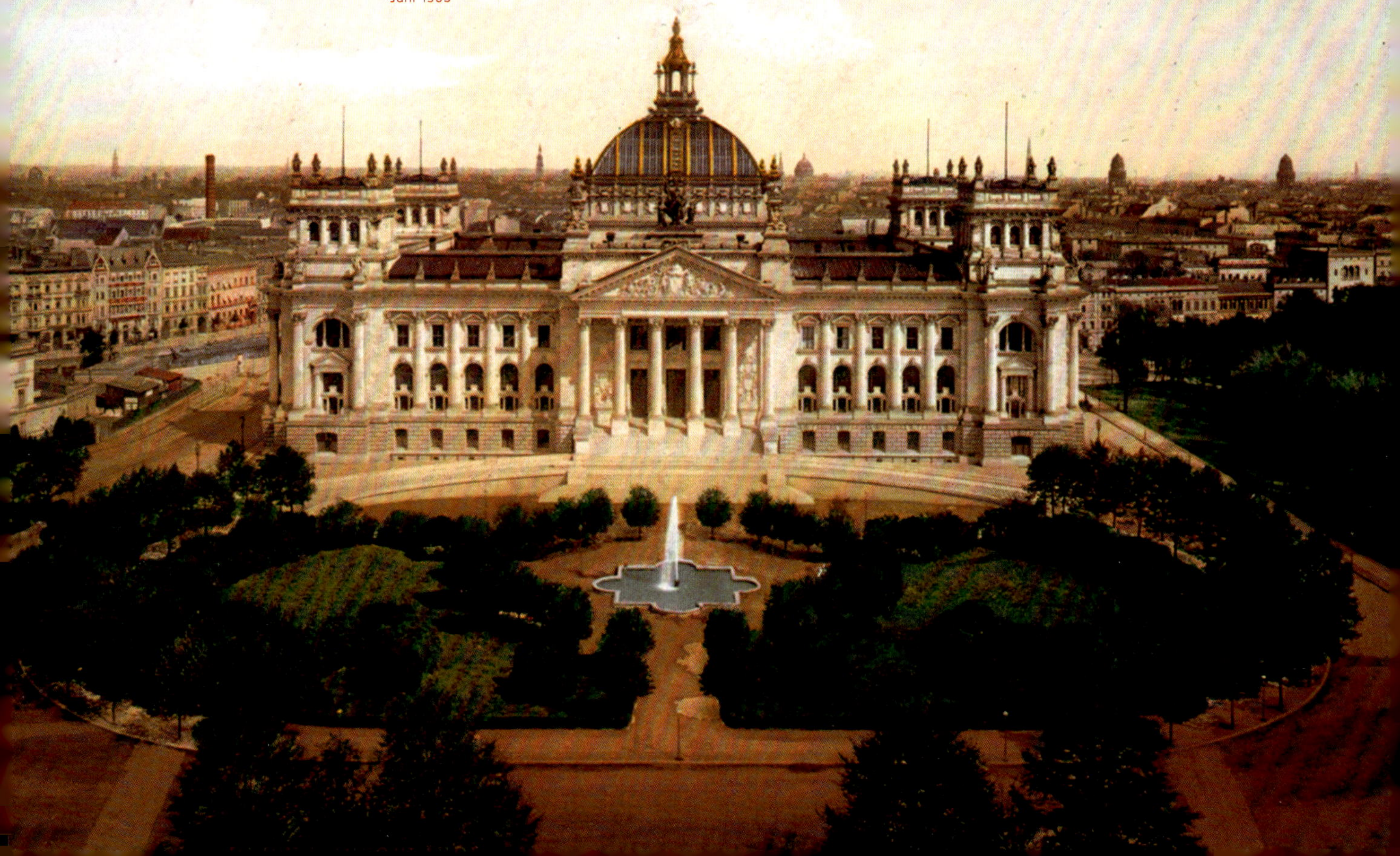

„Wrapped Reichstag", verschnürten und verpackten ihn mit mehr als 100 000 Quadratmetern silberfarbenem Stoff. Die knapp zwei Wochen der Verhüllung wurden zu einem wahren Volksfest auf dem Platz der Republik, bei dem mehr als fünf Millionen Menschen den Reichstag besuchten. Elf Jahre später konzentrierten sich erneut ausgelassene Feiern auf dem Areal des Reichstags: Die Fußball-Weltmeisterschaft 2006 lockte mit einer Großleinwand auf die Reichstagswiese und zur „Fanmeile" ganz in der Nähe auf der Straße des 17. Juni.

plikationen. So verlegte Wallot zum Beispiel die Kuppel von der Seite in die Mitte des Gebäudes, was eine zusätzliche Stabilisierung nötig machte. Überhaupt war die Kuppel ein Streitpunkt: Der Kaiser ließ durchblicken, dass sie nicht höher sein dürfe als die seines Stadtschlosses. Obwohl das eingehalten wurde, überschüttete Wilhelm II. den Architekten und sein Werk mit Verachtung, nannte die Volksvertretung sogar „Reichsaffenhaus". Die berühmte Fassadeninschrift „Dem deutschen Volke" war ebenfalls nicht in des Kaisers Sinn. Sie wurde erst kurz vor Ende der Monarchie angebracht.

Als echte Volksvertretung durchlebte der Reichstag in der Weimarer Republik turbulente Jahre, die mit der Machtergreifung durch die Nazis jäh endeten. Schon durch die schicksalhafte Brandstiftung des arbeitslosen Holländers Marinus van der Lubbe wurde das Gebäude 1933 schwer beschädigt, bevor es durch die schweren Luftangriffe des Jahres 1943 endgültig unbrauchbar wurde. Wie vielen Kriegsruinen drohte dem Parlamentsgebäude später sogar der Abriss. Doch die Bundesregierung entschied sich anders und ließ den Reichstag trotz ungewisser Zukunft bereits ab 1961 renovieren – im gleichen Jahr wuchs vor dessen Ostportal die Berliner Mauer.

DIE SANIERUNG NACH DER WENDE

Mit der Wiedervereinigung Deutschlands 1990 rückte der Reichstag

Der ursprüngliche Entwurf von Sir Norman Foster sah eine komplette Überdachung des Reichstagsgebäudes vor.

wieder verstärkt ins Bewusstsein der Deutschen. Vormals letztes Gebäude vor der Mauer, lag er jetzt wieder im Herzen Berlins. Drumherum boten kriegs- und teilungsbedingte Brachen genug Raum für die Schaffung eines neuen Regierungsviertels. Das alte Gebäude war allerdings zu klein für die Anforderungen einer modernen Demokratie, es reichte gerade einmal für ein paar symbolische Sitzungen. Wieder wurde ein Architekturwettbewerb ausgeschrieben und wieder gab es einiges Hin und Her. Drei Entwürfe standen zur Diskussion, von denen die Baukommission den des Briten Sir Norman Foster favorisierte. Allerdings mit einer nicht unwesentlichen Einschränkung: Anstelle der geplanten Überdachung des gesamten Gebäudes sollte es wieder eine Reichstagskuppel geben. Foster testete daraufhin widerwillig 27 Varianten für einen Kuppelbau – ihm gefiel das Vorhaben ganz und gar nicht.

Doch gerade die letztendlich realisierte, gläserne, begehbare Kuppel wurde zum Kritiker- und Publikumsliebling. Foster gewann dadurch nicht nur zusätzlichen Ruhm, er wurde nach Fertigstellung in England sogar in den Stand eines Lords erhoben.

Bevor 1995 mit dem Totalumbau nach Foster Plänen begonnen wurde, erlebte der Reichstag noch eine Sternstunde der ganz besonderen Art: Er wurde zum Kunstobjekt. Das Künstlerpaar Christo und Jeanne-Claude machte ihn zum

NATIONALSOZIALISMUS ALS KOMÖDIE: *MEIN FÜHRER* (D 2007) VON DANI LEVY

Helle Aufregung in der Presse weltweit: Vor dem Berliner Dom wehen im März 2006 riesige Hakenkreuz-Flaggen! Erstaunte Touristen fotografieren die erschreckenden Symbole der Nationalsozialisten und schicken die Fotos per Handy in die ferne Heimat. Selbst Berliner bleiben vor dem Lustgarten stehen und wundern sich, auch über die weiträumige Absperrung. Immerhin befindet sich an dem provisorisch errichteten Bauzaun eine Erklärung für den Spuk: Dreharbeiten! Auf gelben Din-A-4-Zetteln bittet die Berliner Filmproduktion „X Filme" um Entschuldigung und erklärt, wer hier verantwortlich ist: Dani Levy. Der Filmemacher hat gerade erst große Erfolge mit seiner Komödie *Alles auf Zucker!* gefeiert und steht nun schon wieder hinter der Kamera. Auf dem Drehplan steht die Schluss-Szene von *Mein Führer*, einem Film über Adolf Hitler. Der „Führer" hält auf den Stufen des Alten Museums eine Rede, im Lustgarten vor ihm steht eine jubelnde Masse. Doch außer dem historischen Ort stimmt bei Levys Film fast nichts mit der wahren Geschichte überein, anders als in *Der Untergang* (Oliver Hirschbiegel, D 2004), dem neu entdeckte geschichtliche Fakten zugrunde lagen. „Mein Ansatz war eher der von Karl May: Ohne sie wirklich zu kennen, schreibe ich die ‚absolute

Filminhalt *Mein Führer*

Winter 1944. Der Krieg läuft nicht gut für das „Deutsche Reich" und seinen „Führer". Und das, nachdem mehrere Wehrmachtsoffiziere wenige Monate zuvor erst versucht hatten, Adolf Hitler (Helge Schneider) zu beseitigen. Der „Führer" ist deprimiert. Sein Schwung, seine Entschlossenheit, sein Talent Massen zu mobilisieren – alles perdu. Das Schicksal der Nation liegt jetzt in den Händen von Propagandaminister Joseph Goebbels (Sylvester Groth). Doch auch er braucht die Leitfigur Hitler. Also setzt er alles in Bewegung, um den niedergeschlagenen „Führer" aufzupäppeln. Denn er soll eine Rede halten, die alle seine bisherigen Auftritte in den Schatten stellt. Diese eine

„Jahrtausendrede", glaubt Goebbels, könne einen Volkssturm ohne Gleichen auslösen und schließlich den ersehnten „Endsieg" herbeiführen. Als persönlichen Coach für Hitler lässt Goebbels dessen ehemaligen Schauspiellehrer aus dem Konzentrationslager holen. Der Jude Adolf Grünbaum (Ulrich Mühe) soll den „Führer" in der Reichskanzlei trainieren. Doch nach und nach erkennt Grünbaum, wie abhängig sein Schüler von ihm ist und versucht selbst, Einfluss auf den Lauf der Geschichte zu nehmen. Die Komödie gipfelt schließlich in der Rede, die Hitler – wie schon bei seinen großen Auftritten vor dem Krieg – im Berliner Lustgarten hält …

digital als Hintergrund bestimmter Szenen in den Film eingefügt. Die Wahl des Finanzministeriums als Double der Reichskanzlei ist kein Zufall, schließlich wurde das Gebäude im „Dritten Reich" errichtet und war als Reichsluftfahrtministerium unter Hermann Göring einer der Prestigebauten des nationalsozialistischen Regimes. Dani Levy hätte es nicht gewundert, wenn das Bundesministerium unter solchen Vorzeichen „nein" zu einer Drehgenehmigung gesagt hätte. Doch dem Hausherrn war lediglich wichtig, dass seine Beamten durch die Dreharbeiten nicht gestört werden. So gab es zeitweilig Hakenkreuzflaggen am Gebäude und einen Schauspieler, der in „Führer"-Uniform das Gebäudeportal entlang

Wahrheit", erklärt Regisseur Dani Levy im Gespräch und lacht. Sein neuster Film ist eine Komödie. Und der „Führer" wird nicht von einem Charakterdarsteller wie Bruno Ganz gegeben, sondern von Helge Schneider. Der Musiker und Komiker ist seit den Neunzigerjahren vor allem durch skurrile Auftritte in seinen eignen Filmen und Spaß-Songs wie *Katzeklo* bekannt geworden.

LACHEN MIT ERKENNTNISGEWINN

Selbst die schlimmsten Ereignisse der Weltgeschichte sind kein Tabu für Komödien. Roberto Benigni hat das 1997 mit *Das Leben ist schön* unter Beweis gestellt: Seine rührende Vater-Sohn-Geschichte spielt in einem Konzentrationslager. Auch Dani Levy meint: „Es gibt Komödien über schmerzhafte Ereignisse, über Verbrechen und Zerstörung, bei denen ich denke: Es ist ein wichtiger und aufklärerischer Akt, über schlimme Sachen auch lachen zu können." Doch ebenso wie Benigni setzt Levy nicht auf platten Humor. Zum Lachen gehöre ein „erkennendes Auge", sagt er. Man muss also die Wahrheit, die Karikatur oder die Zweideutigkeit hinter einem Gag erkennen. Ein hoher Anspruch, doch Levy genießt spätestens seit *Alles auf Zucker!* großes Ansehen in der Branche. Auch die Stadt Berlin war ihm bei den Dreharbeiten für *Mein Führer* wohlgesinnt. „Da haben wir einen Stein im Brett", beschreibt Levy das gute Verhältnis zum Regierenden

Bürgermeister Klaus Wowereit. „Er stand dem Vorhaben, das ja durchaus kontrovers und auch provokativ mit der deutschen Geschichte umgeht, sehr aufgeschlossen gegenüber." Mit Drehgenehmigungen hatte das „X Filme"-Team daher wenig Probleme.

Für die Aufnahmen im Berliner Lustgarten war das auch essentiell, denn hier nicht drehen zu dürfen, hätte den ganzen Film in Gefahr gebracht. Die selbst gedrehten Szenen mit Helge Schneider als Adolf Hitler sollten mit passenden historischen Bildern von NS-Aufmärschen gekoppelt werden. Und diese fanden nun mal im Lustgarten statt. „Obwohl das für einen Film, der Anfang 1945 spielt, natürlich nicht stimmt", ergänzt Dani Levy, „denn da gab es keine Aufmärsche mehr. Aber als Fiktion und als Plan von Goebbels ist das durchaus denkbar. Und in einer Komödie auch behauptbar." So verrückt die Geschichte auch ist, die historischen Eckdaten sollten stimmen. Und dabei spielten die Drehorte eine wichtige Rolle.

SUBVERSIVES IN NS-KULISSE

Neben dem Lustgarten war das Bundesfinanzministerium in der Wilhelmstraße ein wichtiger Drehort für *Mein Führer*. Der Hof des Gebäudes muss im Film als Ehrenhof von Hitlers Neuer Reichskanzlei herhalten. Deren Außenfassade und das umliegende zerbombte Regierungsviertel wurden im Modell nachgebaut und später

Hakenkreuzflaggen vor dem Berliner Dom – Dreharbeiten im März 2007

marschierte. Regisseur Dani Levy konnte also auch hier aufatmen: Teure Nachbauten waren nicht nötig. Die Arbeit mit historischen Schauplätzen war für ihn ohnehin reizvoller, als ein

Dreh in Kulissen. „Ich fand es viel frecher und herausfordernder", sagt Levy, „mich in dieser Stadt mit den bestehenden Resten des Nationalso-zialismus auseinanderzusetzen und meinen Film da als kleines subversi-ves Etwas hinein zu setzen." Doch die Dreharbeiten an Originalschauplätzen erforderten auch besondere Aufmerk-samkeit bei der Wahl des gezeigten Bildausschnitts. Beim Finanzministe-rium war das noch relativ einfach, der gesamte Hof ist nahezu unverändert. Der Lustgarten ist jedoch 1999 vom Exerzierplatz wieder zu einem Garten nach historischem Vorbild umgebaut worden. Zentraler Brunnen und Wiese durften daher im Film nicht zu sehen sein. Und die 600 unbe-zahlten Statisten mussten immer so gefilmt werden, dass sie den Eindruck erweckten, sie seien Teil einer riesigen Menschenmenge.

DER LUSTGARTEN IM „DRITTEN REICH" Zum glatt gepflasterten Exerzierplatz der Nazis wurde der Lustgarten in den Jahren 1935/36.

Blick vom Stadtschloss auf die Großkundgebung zum „Nationalen Feiertag des Deutschen Volkes" am I. Mai 1938 im Lustgarten

Bis dahin erstreckten sich rund um ein zentrales Reiterstandbild von Friedrich Wilhelm III. symmetrische Rasenflächen, Sträucher und Bäume. Das Reiterstandbild und die 75 Ton-nen schwere Granitschale, die heute wieder vor dem Museum steht, wur-den auf Hitlers Geheiß versetzt und der Platz radikal freigeräumt. Am dritten Jahrestag der Machtergrei-fung, dem 30. Januar 1936, fand die erste Großkundgebung im Lustgar-ten statt. 27 000 Menschen fasste die Anlage, eine Rednertribüne konnte entweder vor dem Dom, oder – wie für *Mein Führer* – vor dem Alten Museum aufgebaut werden. Gefeiert wurde hier auch jeweils am ersten Mai der „Tag der nationalen Arbeit", allerdings nur bis zum Beginn des Krieges. Danach waren öffentliche Auftritte des „Führers" vor großen Massen selten. Dementsprechend konnte Dani Levy für seinen Film nur auf *Wochenschau*-Aufnahmen aus der Zeit vor 1939 zurückgreifen.

PFAHLBAUTEN IN DER CITY Der Lustgarten wurde nicht erst von den Nazis als Paradeplatz genutzt. Schon der „Soldatenkönig" Friedrich Wil-helm I. ließ hier, gegenüber seinem Stadtschloss, exerzieren. Im Laufe

der Geschichte überwiegt allerdings die Funktion des Lustgartens als repräsentativer, grüner Stadtplatz. Der sumpfige Untergrund auf der nördlichen Spreeinsel, die im Mittelalter durch den Bau des Spreegrabens entstanden war, eignete sich von je her besser für Pflanzungen, als zur Bebauung. Der ehemalige „Köllnische Werder", die heutige Museumsinsel, war bereits im 17. Jahrhundert eine aufwendig gestaltete Gartenanlage. Sie schrumpfte stetig, weil neue Entwässerungsgräben durch die künstliche Insel gezogen wurden oder das Ufer befestigt werden musste. Im 19. Jahrhundert legte Karl Friedrich Schinkel erstmals einen Bebauungsplan für die gesamte Berliner Innenstadt vor. Darin war noch kein komplettes Museumsensemble vorgesehen. Zunächst wurde ab 1825 nur das Alte Museum errichtet – auf 3053 Pfählen, denn der morastige Untergrund verlangte für größere Bauwerke besondere Techniken. Der 1830 vollendete Museumsbau Schinkels gilt heute als einer der wichtigsten klassizistischen Bauten in Berlin und kann wohl auch als Keimzelle der Museumsinsel betrachtet werden.

EINE INSEL IM ZEICHEN DER KUNST

Die Idee, ein ganzes Areal der Kunst zu widmen, kam erstmals 1841 auf. Schon fünf Jahre später war das Neue Museum auf der Rückseite des Schinkel-Baus fertig, in den kommenden Jahrzehnten folgten die Nationalgalerie, das Bodemuseum, ein provisorischer Museumsbau und schließlich das Pergamonmuseum. Erst 1927 war das ganze Ensemble mehr oder weniger vollendet.

Die Museumsinsel im Sommer 2021

Nachbesserungen und bauliche Veränderungen fanden ständig statt und unter den Nationalsozialisten sollte das Museumsareal noch weiter vergrößert werden. Drei gigantische Bauten am nördlichen Spreeufer waren schon baufertig durchgeplant, als der Zweite Weltkrieg das vorläufige Ende der Museumsinsel besiegelte. Ab Kriegsbeginn blieben die Museen geschlossen. Die folgenden sechs Jahre mit Bombardements und Gefechten zerstörten nach und nach die einzigartigen Bauwerke, die im Laufe von fast 100 Jahren entstanden waren. Etliche Brände, die teilweise wegen Wassermangels nicht gelöscht werden konnten, zerstörten Kunstschätze und brachten auf der gesamten Museumsinsel Gebäudeteile zum Einsturz, die bis dahin trotz schwerer Bombentreffer noch halbwegs stabil gestanden hatten. 1945 war die Museumsinsel nicht wiederzuerkennen. Mühsam mussten die Ruinen zunächst gesichert

werden, bevor der Wiederaufbau langsam beginnen konnte. Immerhin waren sich die sowjetischen Besatzer und die Regierung der DDR bewusst, welch wertvolles kulturelles Erbe sie mit der Verantwortung für die Museumsinsel antraten. Schon 1948 begannen die Arbeiten, sie dauern bis heute an. Die Museumsinsel ist mittlerweile Weltkulturerbe, verantwortlich für das Ensemble ist nicht die Stadt Berlin, sondern die Bundesregierung. Wann die Sanierung des gesamten Areals abgeschlossen sein wird, ist unbestimmt. Nachdem Altes Museum, Nationalgalerie und Bodemuseum mittlerweile wieder hergerichtet sind, dauert die groß angelegte Sanierung des Pergamonmuseums noch an. ∎

Dieser Beitrag ist ein leicht modifizierter Wiederabdruck aus dem Buch *Drehort Berlin. Wo berühmte Filme entstanden* von Markus Münch, BeBra Verlag, Berlin 2007.

DER AUTOR:

Markus Münch-Pauli, geboren 1974, war nach einem Wirtschaftsstudium und der Ausbildung an der Berliner Journalistenschule von 2002 bis 2014 als freier Journalist für verschiedene Medien tätig, u. a. für den WDR, die dpa und die Onlineportale von STERN und DIE WELT. Nach einem längeren Auslandsaufenthalt arbeitet er heute in der Bundesverwaltung.

LITERATUR:

- Aggio, Regina: *Filmstadt Berlin. Schauspiele, Regisseure, Produzenten – Wohnsitze, Schauplätze und Drehorte.* Berlin 2007.
- Jacobsen, Wolfgang: *Berlin im Film. Die Stadt. Die Menschen.* Berlin 2001.
- Münch, Markus: *Drehort Berlin. Wo berühmte Filme entstanden.* Berlin 2007.

Kai-Uwe Merz

INSELSTADT IN DER KINOKRISE
Will Tremper und Artur *Atze* Brauner

In der Filmbranche der Inselstadt West-Berlin vollzieht sich in den 1960er-Jahren eine Ablösung von den Vorbildern der großen internationalen Filmmetropole Berlin der 1920er-Jahre. Der ein Jahrzehnt filmende Journalist Will Tremper gilt mit seinen unorthodoxen Methoden als Vorläufer des neuen Films in Deutschland. Der geniale Berliner Produzent und Selfmademan Artur Brauner steht auf bezeichnende Weise für die noch in den 1960er-Jahren fortwirkende Tendenz cineastischer Vergangenheitsorientierung. Er arbeitete mit einigen Stars der nationalsozialistisch geleiteten UFA zusammen, holte aber sogar die exilierten Regiegrößen Fritz Lang und Robert Siodmak nach Berlin. Doch Brauner scheitert, und er muss seine rückwärtsgewandte Denkweise beinahe mit dem gänzlichen Zusammenbruch seiner CCC bezahlen. Er repräsentiert den Widerstreit zwischen kulturellen, künstlerischen Ansprüchen an den Film und der Notwendigkeit kommerziellen Erfolgs beim Publikum, um teure Produktionen überhaupt zu ermöglichen.

WILL TREMPER UND DIE *FLUCHT NACH BERLIN*

Einer der wenigen westdeutschen und insbesondere West-Berliner Filme, die das Thema Teilung und Flucht thematisieren, war bereits 1960/61 Will Trempers *Flucht nach Berlin*. Sonst beschäftigt sich noch der deutsch-französisch-italienische Streifen *Verspätung in Marienborn* von 1963 mit der Materie, zu dem Tremper das Drehbuch beigesteuert hat. Die Krisenstadt Berlin und Geschichten von dort galten im westlichen Verleih als *Kassengift*. Die Grenze der Stadt

an jenem Stück Havel, an dem gegenüber von Moorlake die Sacrower Heilandskirche steht, wo sich die beiden Ufer an Potsdamer und Zehlendorfer Seite besonders nahe sind und wo früher einmal eine Fähre fuhr, ist Ort des Endes der Story. Es gibt zwei Fassungen des Schlusses. Das flüchtende Paar, das sich zufällig findet, schwimmt in den Sonnenuntergang. Verworfen wurde von der Constantin Film angeblich ohne Trempers Wissen die Fassung, in der die beiden von der alkoholisierten Motorbootbesatzung aufgenommen werden, im Schlussbild eine beschwipste Frau in Weiß das Glas erhebt und den Trinkspruch ausbringt: „Es lebe die Freiheit!" Die kritische Sicht des in Wohlstand ignorant daherkommenden West-Berlinertums war nicht verkaufsfördernd. Das Bundesinnenministerium sah das Ende als antiwestlichen Affront. Tremper sprach vom Sonnenuntergangs-Finale fortan als *Bonner Ende*.

Die auf einem Illustrierten-Roman Trempers basierende Geschichte beginnt mit der Busfahrt singender SED-Genossen über Land, die in einem sachsen-anhaltinischen Dorf auftauchen und die Bauern zum Eintritt in die Landwirtschaftliche Produktionsgenossenschaft LPG bewegen sollen. Sie kleben Plakate mit dem Konterfei Ulbrichts an die Hausmauern, veranstalten in der Gaststätte der Handelsorganisation HO eine *Aussprache*. Der Ortsbürgermeister ist schon in West-Berlin. Frau und Sohn des Bauern Hermann Güden, der das Wort führt, sind bereits mit Rad und Bahn auf dem Weg dorthin. Der Bauer macht den fanatisch dargestellten jungen Wortführer der Partei Claus Baade bei einem fingierten Vieraugengespräch kampfunfähig und folgt seiner Familie Richtung West-Berlin. Der Funktionär fällt durch das Entkommen Güdens in Ungnade der SED, muss den Ausweis abgeben und wird unter Hausarrest gestellt, sodass seine Reise nach Ost-Berlin illegal ist. Er will sich notfalls bei Ulbricht persönlich über seine Genossen beschweren. Der Bauer überzeugt die elegante Schweizer Journalistin Doris Lange in ihrem offenen BMW auf einem Parkplatz der Interzonenautobahn, ihn zum Berliner Ring mitzunehmen, zwingt sie, eine Straßenkontrolle zu durchbrechen, der Wagen gerät außer Kontrolle und kommt von der Fahrbahn ab. Die beiden setzen die Flucht zu Fuß fort, fahren mit einem Schiffer bis Hermannswerder bei Potsdam und wollen die Havel bei Sacrow in der Nacht durchschwimmen. Hier geraten beide wieder an den Funktionär Baade, der sich ebenfalls bis dorthin durchgeschlagen hat und der dem Paar im letzten Moment einen bewaffneten Verfolger vom Leib hält und sie auffordert, doch endlich nach West-Berlin zu schwimmen.

Will Tremper (ganz rechts) 1960 bei Dreharbeiten für seinen Film *Flucht nach Berlin*

Die Parteinahme gegen das DDR-Regime ist unübersehbar. Der dokumentarische Charakter wird durch den Text im Vorspann unterstrichen, wonach der Film auf einer wahren Geschichte beruhe. Dem Publikum werden vorab die aktuellen Flüchtlingszahlen ins Gedächtnis gerufen. Wo Konrad Wolf in seinem realistischen Zugriff auf die Wirkung sensibler Darstellung menschlicher Handlungsmotive und zurückhaltender Wertungen setzt, tendiert Tremper in der Darstellung der SED-Genossen zur Überzeichnung, zeigt die bewaffneten Organe des DDR-Regimes in ihren bedrohlich wirkenden Uniformen und ist in der Darstellung der Repräsentanten des West-Berliner Lebens nahe an Karikatur, Klischee, Klamotte. Die Story ist in ihren Zusammenhängen gröber gestrickt als Wolfs auf dem Romanstoff basierender Streifen. Der Plot am Ende, die Begegnung des Verfolgers, der auf seiner parallelen Flucht zum Leidensgenossen geworden ist und der zum Fluchthelfer mutiert, ist endgültig eine haarsträubende Räuberpistole. Gerade dieses Geschehen, das in den dschungelartig morastigen Schilfgürteln des Havelufers spielt und

auf der Pfaueninsel gedreht wurde, zeigt in diesen Szenen eindrucksvoll moderne subjektive Kameraführung aus der Bewegung. Gedreht wurde im Dorf Wölf bei Fulda und auf der Bundesautobahn bei Bad Hersfeld. Der *Spiegel* kritisierte am 28. März 1961: „Die Grundzüge der Handlung aber, die Flucht eines Bauern und eines SED-Funktionärs, sind nach schlimmsten Kintopp-Vorbildern gemodelt, so daß in dem billig gefertigten Film schließlich bloße Reißer-Effekte vorherrschen." Das Publikum blieb zurückhaltend an den Kinokassen, aber es gab zwei Filmbänder in Gold, für Peter Thomas, damals beim RIAS, für die Musik und für Christian Doermer als besten Nachwuchsdarsteller. Doermer verkörperte den Funktionär und war 1962 einziger Schauspieler unter den 26 Unterzeichnern des *Oberhausener Manifests*, das *Papas Kino* für tot erklärte und als entscheidende Wegbereitung des *Neuen Deutschen Films* gilt. Im Ausland bekam der Film gute Kritiken. Uraufgeführt wurde *Flucht nach Berlin* am 17. März 1961 in West-Berlin. Am 12. August 1963, am Vorabend des zweiten Jahrestags des Mauerbaus, lief der Film im Fernsehen.

Der inzwischen vergessene Tremper wurde nach dem Ende der vom Heimatfilm bestimmten 1950er-Jahre des westdeutschen Films zu Beginn der 1960er-Jahre als junger Nachwuchsfilmer gehandelt. Er zitiert Techniken etwa der von François Truffaut begründeten neuen französischen Richtung der *Nouvelle Vague*. Tremper improvisierte seine eigenen Filme oft aus der freien Hand, arbeitete phasenweise ohne Drehbuch, auch ohne sichere Finanzierung. Erst Ende der 1960er-Jahre ermöglichte die westdeutsche Filmförderung den neuartigen deutschen Autorenfilm. Ihn nahm Tremper partiell vorweg und finanzierte seine Produktionen teils durch seine lukrative Tätigkeit als Serienautor beispielsweise für die Illustrierte *Stern*. Tremper verabschiedete sich am Ende des Jahrzehnts nach sechs Filmen aus der Branche, machte bis zu seinem Tod 1998 keine Filme mehr und warf sich vollends auf das Schreiben. Für ihn war es kein schmerzlicher Abschied, aber dieser Abschied ist dennoch Ausweis der

Kinokrise der späten 1960er-Jahre, die auch West-Berlin erfasst hatte. Sein vorletzter Film *Playgirl*, den er 1965 in West-Berlin mit seiner Firma Will Tremper Filmproduktion GmbH drehte, erzählte das Leben einer jungen Frau zwischen mehreren Männern in einer leichtlebigen, sexuell freizügigen Großstadt. Die Mauer gerät zur Kulisse von Aufnahmen der weiblichen Hauptfigur, des Models Alexandra Borowski. Uraufführung des in seinem Anspruch auf pure Unterhaltung beschränkten Streifens ist am 23. Juni 1966 im Gloria-Palast am Kurfürstendamm.

Tremper wurde am 19. September 1928 in Braubach nicht weit von der Loreley als rheinischer Gastwirtssohn geboren. Abitur machte er keins, fing bei der Zeitung als Bote an, war Praktikant im Fotolabor, träumte früh davon, Filmer zu werden, ging 1944 nach Berlin und wurde als Bildberichterstatter ausgebildet. Er kam an die Ostfront, wurde noch 1945 zur Waffen-SS eingezogen, scheint sich dem Richtung Bayern entzogen zu haben. Im Juli

Christian Doermer war 1962 der einzige Schauspieler unter den Unterzeichnern des *Oberhausener Manifests.*

1945 wird er in Berlin Polizeireporter des *Tagesspiegel*, die Amerikaner nehmen ihn 1947 fest, weil er falsche Informationen weitergegeben hat. Er arbeitet als Assistent des bekannten Journalisten und Autors Curt Riess, zerstreitet sich mit ihm und wechselt 1954 zur Ullstein-Tageszeitung *B.Z.* Von dort bekommt er Kontakt zur West-Berliner Filmfirma von Wenzel Lüdecke, später vor allem im Synchronisierungsgeschäft bekannt, und schreibt das Drehbuch für den Kultfilm der 1950er-Jahre *Die Halbstarken*, mit dem der Berliner Schauspieler Horst Buchholz seine Weltkarriere begründet. Das ist der Beginn von Trempers Arbeit in der Filmbranche. Nach seiner Kinozeit schrieb Tremper in der *Zeit* eine Abrechnung mit der Branche unter der Überschrift *Erfahrungen in einer verrotteten Industrie!* Deren Spitzen wehrten sich einmütig mit einstweiligen Verfügungen und klagten. Darunter war auch der Berliner Produzent Artur Brauner. Kettenraucher Tremper arbeitete viel für den Verlag Axel Springers und dessen Blätter. Legendär sind seine Essen, die er im Restaurant *Kopenhagen* mit zahlrei-

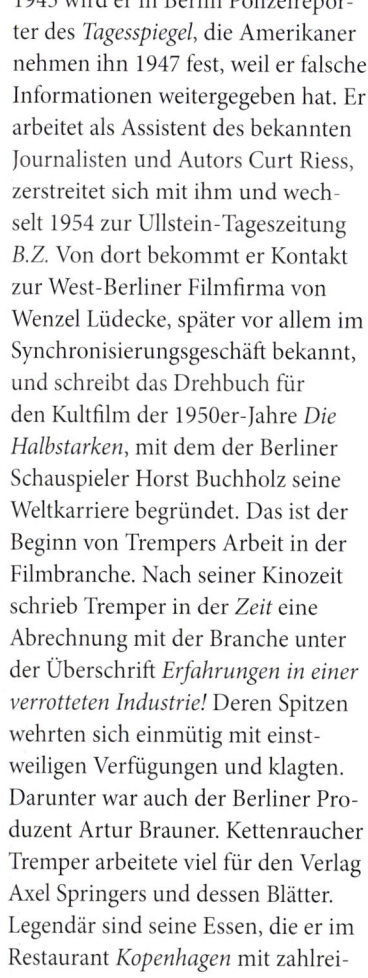

Horst Buchholz und Karin Baal bei Dreharbeiten zum Film *Die Halbstarken* von 1956

chen prominenten, teils glamourösen
Teilnehmern nach der im Springer-
Haus in der Kochstraße pompös
ausgerichteten Gala zur Verleihung
des TV-Preises *Goldene Kamera* der
Programmzeitschrift *Hörzu* gab.
Tremper hatte in den 1960er-Jahren
eine Villa im Gadebuscher Weg in
Dahlem gemietet, gleich neben Paul
Hubschmid, weiß sein Halbbruder
Roland. Will Tremper repräsentiert
die Welt der West-Berliner Film-,
Medien- und Unterhaltungsszene.
Zugleich war Tremper von unge-
heurer Vielfalt in seinen Fähigkeiten
und Begabungen. Er konnte nicht
alles, aber davon sehr viel, und seine
schnoddrige Art löste unterwegs
manches Problem. Bei den Dreharbeiten von *Flucht nach Berlin* kloppte
er sich mit dem Kameramann ums
richtige Licht.

CINEAST AUS LEIDENSCHAFT: ARTUR BRAUNER

Artur Brauner wurde ebenfalls
fester Bestandteil der West-Berliner
Produzentenszene, eigentlich war er
allein diese Szene, so schien es. Er
blieb der Branche und der schillern-
den, zunächst nur West-Berliner
Gesellschaft über viele Jahrzehnte
hinweg bis ins 21. Jahrhundert erhalten. Brauner starb am 7. Juli 2019
im Alter von 100 Jahren in Berlin.
Sein langes Leben ist geprägt von
seiner cineastischen Leidenschaft,
von ungeheurem Ideenreichtum,
von kaufmännischer Begabung und
davon, dass er alles selber beherrschte, was das Produzieren von
Filmen forderte, und er beherrschte
sein Unternehmen, das eines der
wenigen erfolgreichen Beispiele des
Wirtschaftswunders in West-Berlin
ist. Brauner gilt als erfolgreichster
freier Filmproduzent Europas. Er
war Alleinherrscher, konnte alles,
wusste alles, entschied alles. Brauner
brauchte kaum Schlaf, arbeitete 18,
19, 20 Stunden am Tag, notierte un-
unterbrochen Einfälle auf Notizzet-
teln, die ständig in Reichweite waren.
Schon als kleiner Junge hatte er acht
Kinovorstellungen in der Woche ge-
sehen, täglich also Kino, am Sonntag
sogar zwei Vorstellungen. Nach dem

Vater hieß er Abraham. Als erstes
von vier Geschwistern wurde er am
1. August 1918 in Łódź geboren.
Artur ist sein Name seit der Schule.
Nach dem Abitur studiert er einige
Semester Ingenieurwesen. Polnisch
ist ebenso wie für seine spätere Frau
Maria Muttersprache. Artur wächst
in gutbürgerlicher jüdischer Familie
auf. Die Bibel mussten die Kinder
kennen, traditionell jüdisch war das
Elternhaus, nicht orthodox. Sorglos
nennt er 1999 seine Kindheit. Seine
Begeisterung für Kino und Film,
später spricht er gern vom *Kintopp*,
entsteht früh. Die besten Kinos der
ethnisch gemischten Stadt seien
die deutschen gewesen. Viele der
Streifen, die er oft mit polnischen
Untertiteln sieht, sind die aktuellen
Produkte der Filmmetropole Berlin
der 1920er-Jahre. Seine Tochter
Alice Brauner: „Die große Periode
des deutschen Films während der
Weimarer Zeit von 1918 bis 1933 hat
meinen Vater maßgeblich geprägt."
Was aber den jüdischen Jungen zwei
Jahrzehnte nach seiner Geburt vor
allem prägt, das ist am 1. September
1939 das Hereinbrechen des Zweiten
Weltkriegs in das Leben des 21-Jäh-
rigen, das sofort verbunden ist mit
der Diskriminierung, Verfolgung,

Szenen, die Artur Brauner zu Beginn des Zweiten Weltkriegs miterlebte: Deutsche Bewohner jubeln im September 1939 in Łódź der einziehenden deutschen Wehrmacht zu.

Diese Worte sagte ihr Vater bei jener schicksalhaften Begegnung im Juni 1945 in Stettin, als Artur Brauner in Begleitung seines Bruders Wolf das erste Mal ihre Mutter Maria getroffen hatte, der er beim Abschied auf dem Bahnhof den Zettel mit der Adresse eines Berliner Freundes zusteckt.

Bricha kommt vom hebräischen Wort für Flucht. Und mit der so benannten Organisation kommt Artur Brauner von Stettin aus nach West-Berlin. Die *Bricha* schmuggelte polnische Juden in den Westen. Juden, auch Überlebende der nationalsozialistischen Vernichtungslager, erlebten in Polen Exzesse an Verfolgung, Gewalt, Terror. Mord und Totschlag waren an der Tagesordnung. Als am 4. Juli 1946 in Kielce bei einem Pogrom 41 Juden umgekommen waren, war die Fluchtbewegung noch einmal massiv angewachsen. Brauner half und begleitete illegale Transporte mit Juden mit Lastwagen der Roten Armee. Ziel war der US-Sektor von Berlin. Diese Fluchthilfe war ein lebensgefährliches Unterfangen. In Berlin-Schlachtensee, Potsdamer Chaussee 87–91, in der Gegend des heutigen Studentendorfs, gab es ein Lager für *Displaced Persons*. Brauner hatte dorthin bereits am 5. Dezember 1945 von Stettin aus seine Eltern gebracht, die planten, nach Palästina auszuwandern. Die Eltern kommen nach Heidenheim, leben in einem Häuschen mit Garten. Dort normalisiert sich das Leben der Familie. Artur und Maria heiraten bei den Eltern im Lager für *Displaced Persons* am 17. November 1946. Das Paar lebte zu dieser Zeit in Zehlendorf. Artur Brauner hatte eine kleine Wohnung im Ilsensteinweg in Schlachtensee. Maria besorgte sich ein Fahrrad, um ihn zu besuchen.

Während des Albtraums ist Artur Brauner der Traum vom Film, der Traum vor allem von der Traumfabrik Hollywood geblieben. Der Traum soll Realität werden, und zwar zunächst in Berlin. Um wie auch andere osteuropäische Juden in der US-Filmindustrie zu landen, muss Brauner etwas vorweisen. Er hat nichts. Er kann nicht mal Englisch. Er hat das Filmgeschäft nicht gelernt. Die Grundlage für

Ausrottung der Juden durch das nationalsozialistische Deutschland. Das Wort Holocaust, so seine Überzeugung, verdecke in der Abstraktion den Tod, er hält das Wort *Ausrottung* für treffender. Die Wehrmacht ist am 7. September in Łódź. 750 000 Menschen leben in der Stadt, einige Deutsche, viele Juden, die meisten Polen. Die Luftwaffe bombardiert die offene Stadt, viele Menschen sterben. Da beginnt die *Ausrottung*, deutet Brauner das Geschehen. Was hier beginnt, das ist der Alptraum von Flucht, Überlebenskampf, Lebensgefahr für Artur Brauner, seine und die Familie seiner späteren Frau, das sind unvorstellbare Odysseen, die bis in die Weiten Usbekistans führen. Als *Draufgänger* bezeichnet er sich 1999, *nach vorn* war der Imperativ gewesen, geblieben, lebensrettend so oft. Seine Familie hat 49 Verwandte im Holocaust verloren. Er erinnert

sich später an die offenen Augen eines toten jüdischen Jungen, in die er blickte, als er nach Kriegsende aus der Sowjetunion nach Polen zurückkehrte und in einem Wald auf ein Massengrab stieß: „Du darfst die Opfer des Nationalsozialismus niemals in Vergessenheit geraten lassen, du musst alles, was dir möglich ist, unternehmen, um ihnen ein Denkmal zu setzen." Brauner hat ein Denkmal in Gestalt von 23 Filmen hinterlassen, die als sein Vermächtnis des Erinnerns in der Holocaust-Gedenkstätte Yad Vashem in Jerusalem laufen. Seine Autobiografie erschien 1976 unter dem treffenden Titel *Mich gibt's nur einmal*. Seine jüngste Tochter, die 1966 geborene Berlinerin, promovierte Journalistin, Historikerin und Filmproduzentin Alice Brauner hat 2021 eine Doppelbiografie ihrer Eltern vorgelegt. *Also dann in Berlin …* lautet deren Titel.

Im von der UNRRA betriebenen Lager für Displaced Persons in der Potsdamer Chaussee fanden bis Sommer 1948 etwa 30 000 jüdische Flüchtlinge ein vorübergehendes Zuhause.

die erträumte Hollywood-Karriere legt er in Berlin. Produzent will er werden, weil er sich davon die größte Freiheit verspricht, der Regisseur hat sie nicht, der hängt am Drehbuch. Brauner braucht Geld für den ersten Film, für sein Projekt *Morituri*, das er als Referenz für Amerika produzieren will und an dem ihm wegen der Geschichte liegt, die er erzählen will. *Morituri*, das sind Lebende, die dem Tod geweiht sind, die so im römischen Zirkus vor ihren Schaukämpfen auf Leben und Tod den Kaiser, den Herrscher über Leben und Tod, grüßten. Brauners den Opfern des Holocaust gewidmeter Film soll erzählen, was die Familien, Freunde, Juden im Zweiten Weltkrieg erlebt hatten, es sollte um die von einem Lagerarzt ermöglichte Massenflucht aus einem Konzentrationslager gehen. Außer Kapital brauchte Brauner im alliiert kontrollierten Berlin mit streng reglementierter Filmbranche eine Lizenz. Er will freier, unabhängiger Produzent sein. Briten, Amerikaner, Sowjets geben ihm keine Lizenz, die Sowjets nur eine Arbeitserlaubnis für ihren Herrschaftsbereich. Bei den Amerikanern ist es ihr maßgeblicher Filmoffizier, der US-Bürger Erich Pommer, der ihm Steine in den Weg legt. Pommer, der einflussreiche UFA-Produzent im Berlin der 1920er-Jahre, dem

die Filmgeschichte Fritz Langs Stummfilmklassiker *Metropolis* oder Marlene Dietrich ihren Durchbruch mit *Der blaue Engel* verdankte und den sich die junge Hildegard Knef in diesen Tagen als Berater angelte. Ein Ausweg konnte für den Anfang sein, mit lizenzierten Produzenten zusammenzuarbeiten. Am 16. September 1946 gründet Brauner im US-Sektor seine Firma Central Cinema Company-Filmgesellschaft CCC mit Sitz in der Pücklerstraße 18 in Berlin-Dahlem. Teilhaber ist für wenige Monate der künftige Schwager Joseph Einstein, laut *Spiegel* auf dem Schwarzmarkt erfolgreich. Ob da Stammkapital und Geld für die baldigen Beteiligungen ihren Ursprung hatten, weiß auch Alice Brauner nicht. Einstein sei jedenfalls einer der Ersten gewesen, die Mercedes fuhren. Brauner beteiligt sich an der Produktion des einzigen 1946 in den Westsektoren gedrehten Films. *Sag' die Wahrheit* war ein Lustspiel, das vor Kriegsende weitgehend fertig gedreht war, wenige Szenen fehlten, es musste zu Ende finanziert werden. Brauner war in den Studios in Tempelhof bei den Arbeiten dabei, lernte so das Handwerk. Regisseur ist Ernst Marischka, der später mit Romy Schneider die *Sissy*-Filme dreht. *Sag' die Wahrheit* bekommt schlechte Kritiken, aber die Kinokassen klingeln.

Morituri konnte starten, allerdings weitgehend mit Außenaufnahmen. Für die Studios fehlte die Lizenz. Die Orte für die Außenaufnahmen waren Glienicke und Schildow, nördlich von Berlin, in der sowjetischen Zone, für die Brauner eine Arbeitserlaubnis besaß. Es fehlte an allem, 150 Personen des Teams waren kaum zu versorgen, die Sowjets legten kilometerweit eine Stromleitung. Werner Krien war Kameramann, der den UFA-Jubiläums-Farbfilm *Münchhausen* gedreht hatte, für den Erich Kästner unter Pseudonym das Drehbuch geschrieben hatte. Unter den Darstellern waren Winnie Markus, Carl-Heinz Schroth und in seiner ersten Rolle Klaus Kinski. Es wurde gefroren, weil bis in die ersten Monate des Jahres 1948 gearbeitet wurde, die Handlung aber im Sommer spielte. Platzpatronen fehlten, die Rotarmisten, die Brauner als Statisten für die SS-Wachmannschaften engagiert hatte, feuerten mit scharfer Munition, mit der sie beinahe getroffen hätten; noch 20 Jahre später arbeitete Konrad Wolf mit Sowjetsoldaten als Komparsen für *Ich war neunzehn*. Uraufgeführt wurde Brauners erster komplett allein produzierter Film *Morituri* bei der IX. Biennale in Venedig, im Wettbewerb eines der wichtigsten A-Festivals, wurde aber kühl aufgenommen. Finanziell war

Artur Brauner gab dem damals an Berliner Bühnen tätigen Klaus Kinski 1947 die erste Filmrolle: Kinski (M.) spielte in *Morituri* einen niederländischen Konzentrationslager-Insassen.

der Film ein Flop. Der Streifen spielte 60 000 Reichsmark ein; gekostet hatte er anderthalb Millionen. In Berlin fand sich kein Premierenkino. Es gab Tumulte, Proteste, Sachbeschädigungen, Anfeindungen, Beschimpfungen. Das Publikum in Berlin, in Deutschland, war 1948 nicht willens, einen Film zu sehen, der das Leben in einem Konzentrationslager zeigte. Gezeigt wurde *Morituri* erst wieder im Fernsehen – 1991 im ZDF. Brauner zahlte seine Schulden über mehrere Jahre ab. Zeitweise stand die Firma auf dem Spiel. Brauner lernte, so schreibt es seine Tochter: „Keine Filme gegen das Vergessen, wie ‚Morituri', sondern Filme, um zu vergessen." Der Preis des Erfolgs war Verzicht auf Tiefgang, Sozialkritik, Problemfilm, Aufarbeitung von Vergangenheit. Aber Brauner ließ es keineswegs ganz. Mit *Zeugin aus der Hölle* produzierte er 1967 mit Irene Papas und Heinz Drache, später Kommissar in den Edgar-Wallace-Krimis, den

einzigen westdeutschen Kinofilm zum Frankfurter Auschwitz-Prozess. Brauner suchte zwei Jahre vergeblich nach einem Verleiher.

Atze ist eine Kurzform für Artur, ähnlich wie *Matze* für Matthias. Im Berliner Dialekt steht *Atze* aber auch für großer Bruder. Was meint der Berliner, wenn er Brauner als *Atze* anspricht? Brauner jedenfalls hat, folgen wir seiner Tochter, eine Neigung zum berlinischen Menschenschlag entwickelt, die ihn veranlasst hat, 1948 während der Blockade zu entscheiden, dass er bleiben will und dass er sich von seinem amerikanischen Traum verabschiedet. Gerade das Widerstehen gegen die Erpressung Stalins habe ihm neben der Berliner Schnauze und dem Berliner Pragmatismus imponiert: „Um keinen Preis aufzugeben, unbedingt überleben zu wollen, das war eine Haltung, mit der er sein eigenes Leben und auch das seiner Eltern und Geschwister gerettet hatte."

Brauner ist geblieben trotz diverser Berlin-Krisen und auch nach dem Bau der Mauer. In dieser Zeit nimmt er die deutsche Staatsbürgerschaft an. Er ist nicht gegangen, wie so viele West-Berliner, sondern geblieben. Die anderen, die geblieben sind, haben das zu schätzen gewusst. Da wird aus einem Artur in dem Sinne anerkennend ein *Atze*, dass man ihn als großen Bruder respektiert, auf den man sich verlassen kann.

Teil von Brauners Traum waren angesichts der immensen Studiomieten eigene Hallen. Vergeblich hatte er beim Senat angefragt. Sein Oberbeleuchter brachte Brauner auf ein heruntergekommenes Fabrikareal mit verseuchten Böden in Haselhorst, das der Bundesverwaltung unterstand und zur Pacht bereitstand: „Hollywood isset nicht, möchte ick ma saren." Angeblich tauften die Berliner Brauners 35 000 Quadratmeter großes Studiogelände mit Wasserturm in Spandau *Haselwood*. Die

Hallen waren feuersicher, Starkstrom lag an, die Havel floss vorbei, für Außenaufnahmen gab es auch ein Waldstück. Aufgeräumt wurde monate-, aufgebaut wurde jahrelang. Die aufwendige erste Produktion sollte im April 1950 fertig sein. Es klappte nach nur 21 Tagen. Es war eine Klamotte um den Produzenten eines Haarwuchsmittels, der ebenso wie Brauner, dessen Idee der Film war, Glatzenträger war. Es war der letzte Film des deutschen Traumpaars Sonja Ziemann und Rudolf Prack vor ihrem Durchbruch mit *Schwarzwaldmädel*. 1952 wurden bei CCC sieben eigene Produktionen hergestellt, 1954 zwölf,

in den besten Zeiten des Nachkriegskinos produzierte CCC bis zu 18 Filme im Jahr. Hinzu kamen gebuchte Produktionen, sogar von Universal aus den USA. In Spandau entstand in den 1950er-Jahren ein Viertel der westdeutschen Filmproduktion. 1954 und 1955 erweiterte Brauner mit der Bebauung des erworbenen Nachbargrundstücks mit vier auf insgesamt sieben Hallen. Damit hatte Brauner das technische Potenzial für Monumentalfilme, wie Hollywood sie zu dieser Zeit bereits produzierte. Brauners Qualität war die Geschwindigkeit seiner Studios: „Dadurch spart jeder, der hier dreht."

In den 1950er-Jahre brachte Brauner erfolgreiche Musik- und Revuefilme heraus, für die das nächste Traumpaar Catarina Valente und Peter Alexander stand. Die Produktionen waren technisch brillant, exzellent choreografiert und getanzt, Musik und Gesang waren professionell, die Darsteller Könner, Kostümierung und Ausstattung aufwendig. Die Lieder brachten auf Schallplatten hohe Einnahmen. Mitte der 1950er-Jahre fuhr Brauner noch einen alten Opel, die Familie wohnte in einer Dreieinhalb-Zimmer-Wohnung am Hohenzollerndamm. Bald gibt es dann Fotos von Brauner am Steuer eines Mercedes. Seine Frau sorgt für den Umzug in das Haus am Koenigssee in Grunewald, wo Brauner ein kleines Kino im Keller hat und ein Arbeitszimmer mit Blick ins Grüne. Grund des Umzugs ist der Wunsch nach mehr Nachwuchs. Vier Kinder wurden es am Ende. Geizig sei ihr Vater nicht gewesen, betont die Tochter, Verschwendung hätten ihre Eltern nicht gemocht. 250 DM für ein Paar Schuhe, nur weil *Bally* draufstand, das gab es nicht, für alte Schuhe gab es Schuhmacher und Wichse, Alltagskleidung gab es bei *C & A*, modische Abendroben wurden nachgeschneidert, denn Brauners mochten das Blitzlichtgewitter auf den roten Teppichen.

Brauner wollte den deutschen Film international konkurrenzfähig machen. Ein Instrument dazu war für ihn, zwei große deutsche Regisseure zu holen, die sich in der Filmmetropole Berlin der 1920er-Jahre ihre Namen gemacht hatten. Es war mühsam, den von Brauner von Kindesbeinen an verehrten Fritz Lang zu gewinnen, der mit *Metropolis* oder *Dr. Mabuse, der Spieler* Filmgeschichte geschrieben hatte. Einfacher war es, Robert Siodmak zu überzeugen. Das waren Größen der UFA gewesen, die in der Emigration gewesen waren. Mit denen, die im Dritten Reich geblieben waren, blieb Brauner wählerisch. Mit Heinz Rühmann machte er 1960 mit *Der brave Soldat Schwejk* eine erfolgreiche Literaturverfilmung, die zugleich einer seiner persönlichen Lieblingsfilme wurde. Rühmann rechnete er hoch

Das war damals Artur Brauners liebster Film aus eigener Produktion: Heinz Rühmann (r.) als Schwejk in der CCC-Produktion *Der brave Soldat Schwejk* von 1960, hier mit Ernst Stankowski

Wahl der schönsten Glatze: Brauners CCC suchte für ihr Lustspiel *Maharadscha wider Willen* von 1950 rund um den Haarwuchsmittelfabrikanten Karl Brummer 250 kahlköpfige Komparsen.

an, dass er nach der Scheidung seine erste Frau, die Jüdin Maria Bernheim, in Stockholm finanziell nach Kräften unterstützt hatte. Marika Rökk lehnte Brauner ab, weil sie Hitler 1937 schriftlich zum Geburtstag gratuliert hatte. Hildegard Knef kam nie zum Zuge bei CCC. Mit Lang macht Brauner die monumentalen, teuren, kostenmäßig aus dem Ruder gelaufenen Filme *Der Tiger von Eschnapur* und *Das indische Grabmal*. Sie waren Remakes des Zweiteilers *Das indische Grabmal* von 1921. Dessen erster Teil hatte den Titel *Die Sendung des Yoghi*, und damals hieß der zweite *Der Tiger von Eschnapur*. An ihrer Produktion war Marlene Dietrichs Mann beteiligt. Laut Vertrag sollten sie die damals gigantische Summe von über drei Millionen DM kosten. International sind diese Werke gefeiert, Francois Truffaut lobt die Bildsprache, in Deutschland sind sie Kassenschlager, allein die Kritik im eigenen Land bemäkelte die Filme. Der Regisseur habe sich sein eigenes Grabmal geschaffen, sagt eine Kritik: „Hier ruht Fritz Lang."

Der ewige Antagonismus der Filmbranche lautet eben Kunstanspruch *versus* Kommerz. Lang brachte es bei der Erbsensuppe in einer Berliner Pinte Brauner gegenüber so auf den Punkt: „Ein deutscher Kritiker würde jetzt sagen: ‚Das Cordon Bleu neulich im Pariser Maxim war viel besser.'" Über 250 Eigenproduktionen hat Artur Brauner auf die Beine gestellt. Eines seiner Rezepte nannte er *Revolvieren*. Damit meinte er die Wiederaufbereitung erfolgreicher Stoffe, Langs Indienfilme sind dafür Beispiele, etwa indem die Stoffe in einer anderen Epoche angesiedelt und die Drehbücher umgeschrieben werden. Musterbeispiel dafür sind *Die 1000 Augen des Dr. Mabuse*, auf dessen Erfolg hin fünf weitere Filme dieser Reihe folgten, viele mit Gert Fröbe als Kommissar.

Die 1960er-Jahre bringen Brauners Firma ebenso wie die Kinobranche in die Krise. Die Zeit endet, in der in Westdeutschland jedes Jahr 850 Millionen Zuschauer in die Lichtspielhäuser gehen. Ein Kinosterben setzt ein. Ursache dafür

ist das neue Medium Fernsehen. Dafür steht der Knopfdruck, mit dem der Bundesaußenminister Willy Brandt am 25. August 1967 auf der 25. Internationalen Funkausstellung unterm Funkturm das Farbfernsehen für Deutschland startet, das mit der Fußball-Weltmeisterschaft 1974 endgültig seinen Durchbruch beim Gros des Publikums erlebt. Brauner geht mit seinen Produktionen nach Jugoslawien, weil im Ostblock

billiger produziert werden kann. Er setzt auf die Karl-May-Filme. Der den Old Shatterhand verkörpernde Lex Barker geht bei Brauners ein und aus. Mehrfach gibt es die Goldene Leinwand für mehr als drei Millionen Zuschauer. Ähnliche Zahlen erzielen die Streifen der Edgar-Wallace-Krimireihe. Als einziger deutscher Produzent investiert Brauner in Monumentalstreifen, die tatsächlich nur auf der Leinwand

Monumentalfilme wie *Dschingis Khan* von 1965 kommen nur auf der Leinwand zur Wirkung.

zur vollen Wirkung kommen, weil der Bildschirm zu klein ist. Beispiele sind *Dschingis Khan* mit Omar Sharif von 1965 und das Projekt der Neuverfilmung des von Fritz Lang schon einmal umgesetzten Nibelungenstoffs. Auf dieses Risiko ließ sich Brauner allerdings erst ein, als eine Allensbach-Umfrage ergab, dass jeder dritte Kinogast daran interessiert war. Fünf Millionen DM kostete der Film, mehr als drei Millionen Zuschauer brachten 1968 wieder eine Goldene Leinwand, zudem bekam der Streifen das Prädikat „wertvoll". Mit Siodmak produzierte CCC das nächste zweiteilige Monumentalprojekt. *Kampf um Rom* war mit acht Millionen DM die bisher teuerste westdeutsche Filmproduktion. Trotz internationaler Spitzenbesetzung, unter anderem mit Orson Welles, floppte die Produktion. Brauner hatte sich verschätzt, die Welle monumentaler Filme war vorbei, die Sehgewohnheiten hatten sich verändert. Die Zeit von *Easy Rider* von 1968 und *Rosemaries Baby* von 1969 war längst gekommen.

Den Wandel hatte das *Oberhausener Manifest* schon 1962 eingeläutet. „Der alte Film ist tot. Wir glauben an den neuen!", hatte es da geheißen. Das alte Kino hatte verloren. „Mach dir ein paar schöne Stunden. Geh ins Kino", dieser Slogan hatte keine Zukunft mehr. Dass Brauner immer auch die aufklärerischen, schwierigen, problematisierenden Filme gemacht hatte, spielte keine Rolle in dieser Debatte. Artur Brauner gründete die CCC-Kunstfilm, wollte jährlich drei Filme mit jungen Regieleuten und Schauspielern machen. Ein einziger kam zustande. *Mensch und Bestie* mit Götz George war die Geschichte einer Flucht aus dem Konzentrationslager. Die neuen Kinoleute fürchteten den „Erstickungstod durch Umarmung". Sie hießen Ulrich Schamoni, Alexander Kluge oder Volker Schlöndorff, von dem es heißt, er habe sich eingehend mit den Arbeiten Will Trempers auseinandergesetzt. In der Rückschau fragte Brauner: „Und? Wo sind die Unterzeichner des Oberhausener Manifests heute? Das Geheimnis eines guten Produzenten ist, dass er länger existiert als alle anderen." Mit Spandau ging es Ende der 1960er-Jahre bergab. Die Hallen nutzte längst das Fernsehen. SFB und ZDF waren gute Kunden. Aber 1970 ging das ZDF nach Tempelhof. Der SFB baute eigene Studios, ein Kaufangebot von Brauner lehnte die Anstalt ab. Dann wurden die Mietverträge gekündigt. In Haselhorst blieb nur ein Studio übrig. Das ZDF macht die letzte Aufzeichnung, die Silvestershow 1970/71, und der Oberbeleuchter sagte: „Is 'ne dufte Beerdigung, Chef, wa?"

Brauner war Anfang fünfzig. Er machte künftig weniger Filme, aber solche, die ihm wichtig waren. Er lebte von den Fernsehlizenzen seiner Produktionen, und er investierte in den Berliner Wohnungsbau und in

Immobilien im Ausland. Das gab ihm finanziell mit der Sicherheit mehr Freiheit. 1999 im TV-Interview *Zeugen des Jahrhunderts* mit der Behauptung konfrontiert, dass es in Berlin heiße, ihm gehöre der halbe Kurfürstendamm, korrigiert er die Frage mit dem Einwurf „[…] es kann gar nicht stimmen mit dem halben

Ging bei den Brauners ein und aus: Lex Barker in einer Drehpause der Winnetou-Filme

Kurfürstendamm, weil ich noch nie halbe Sachen gemocht habe […]." ▪

Dieser Beitrag ist ein leicht modifizierter Wiederabdruck aus dem Buch *Zement Berlin. Eine Kulturgeschichte der frühen 1960er-Jahre* von Kai-Uwe Merz, Elsengold Verlag, Berlin 2022.

DER AUTOR:

Dr. **Kai-Uwe Merz** wurde 1960 in Berlin geboren. Er studierte Geschichte und Germanistik an der Freien Universität, arbeitete dort als Wissenschaftlicher Mitarbeiter und promovierte 1990. Bis 2000 war Merz Redakteur und Ressortleiter u. a. bei der Zeitung *B.Z.* und beim *Berliner Kurier*. Heute arbeitet er im Presse- und Informationsamt des Landes Berlin. Im Elsengold Verlag erscheint seine mehrbändige Berliner Kulturgeschichte.

LITERATUR:

▪ Brauner, Alice: *„Also dann in Berlin ...". Artur und Maria Brauner. Eine Geschichte vom Überleben, von großem Kino und der Macht der Liebe.* Frankfurt am Main 2021.
▪ Glaser, Hermann: *Kleine deutsche Kulturgeschichte. Eine west-östliche Erzählung vom Kriegsende bis heute.* Frankfurt am Main 2007.
▪ Merz, Kai-Uwe: *Zement Berlin. Eine Kulturgeschichte der frühen 1960er-Jahre.* Berlin 2022.
▪ Tremper, Will: *Große Klappe. Meine Filmjahre.* Berlin 1998.

Oliver Ohmann

BERLIN UND SEINE KINOS

Es war ein weiter Weg vom Wintergarten zum Multiplex. Max Skladanowsky eröffnete am 1. November 1895 für vier Wochen die erste Spielstätte für „lebende Bilder" in Berlin. Danach tingelte der Film ein Jahrzehnt über Rummelplätze. Erst in den 1920er-Jahren wurde der Kudamm zur Kinomeile, und immer neue und größere Filmtheater übertrafen sich an Pracht. Doch oft gab es Rückschläge, und das Kinosterben wurde zu einem ständigen Begleiter der Filmstadt Berlin. Zuletzt erschütterte die monatelange Corona-Zwangspause die tapferen verbliebenen Kinobetreiber der Hauptstadt.

FILM AB, ALS RUMMELPLATZ-SENSATION

Unterhalten sich in die Jahre gekommene Berlinerinnen und Berliner über ihre Jugendzeit – und das tun sie häufig –, fallen im Gespräch ganz sicher auch Filmtitel und Kinonamen. Wie Schulen und Sportplätze, Freibäder und Diskotheken haben sich Kinoadressen ins Leben von Heranwachsenden eingebrannt. Bestehende und verschwundene Kinotheater bilden Koordinaten in unserer Erinnerung, wie die Filme selbst, die wir darin erlebten. Ohnehin sind Kinos magische Orte. Unter sehr glücklichen Umständen können wir denselben Film im selben Kino wie unsere eigenen Urgroßeltern erleben. Ist das nicht eine faszinierende Vorstellung?

Sicher mehr als 1000 Kinos – darunter klitzekleine und riesengroße – entstanden seit der Geburt des Films in Berlin. Immer wieder war und ist von Kinosterben die Rede. Tatsächlich war wenigen Aufführungsorten seit den Anfängen des Films ein außergewöhnlich langes Leben beschert. Genaugenommen borgte sich das junge Medium seit seiner Premiere 1895 bei jeder Vorführung eine neue Spielstätte. Der Begriff „Kino" als Vorführraum – abgekürzt aus Kinematographen-Theater – bürgerte sich erst nach 1918 ein. Zunächst hatten die Projektoren keine festen Häuser und waren daher auch transportabel konstruiert. Schausteller reisten als fahrende Filmvorführer mit Bollerwagen voller Filmrollen, dem Projektor und einem Fetzen Stoff als Leinwand umher.

Sie schlugen ihr Quartier in Rummelplatzzelten oder verdunkelten Gasthaus-Sälen und Kneipen-Hinterzimmern auf. Die Karriere des Films begann als Jahrmarktsensation und hatte in den Augen der Zeitgenossen auch den entsprechenden Beigeschmack.

Wann Berlin sein erstes ortsfestes Kino bekam, ist nicht bekannt. In einigen Abhandlungen wurde das Jahr 1899 genannt und der Betreiber Otto Pritzkow. Im November des Jahres soll er in der Münzstraße 16 sein „Abnormitäten- und Biograph-Theater" eröffnet haben, mit Plätzen für 100 zahlende Zuschauer. Ein historischer Nachweis wurde jedoch bis heute nicht erbracht. Im stets sehr zuverlässigen Berliner Adressbuch taucht Pritzkow im Zusammenhang mit einem Kino erst 1906 auf, und zu dieser Zeit gab es in Berlin bereits 16 ortsfeste Lichtspielhäuser.

Seit der Wintergarten-Premiere der Brüder Max und Emil Skladanowsky am 1. November 1895 – wenn man so will, war das Etablissement am Bahnhof Friedrichstraße für vier Wochen Berlins erstes Kino – war ein Jahrzehnt vergangen, und die Filme hatten sich entscheidend verändert. Statt abgefilmter Artisten- und Varieté-

Nummern, konnte man nun bereits Filme mit längeren Spielhandlungen erleben. Plötzlich schossen bis zum Beginn des Ersten Weltkriegs die Filmtheater wie Pilze aus dem Boden. Bis 1910 waren es schon 150, die meisten bezogen ehemalige Ladengeschäfte, zuweilen auch Remisen in Hinterhöfen oder eine schmale Tordurchfahrt. Zum Kino-Startup im Kaiserreich brauchte man als Startkapital einen Projektor, ein paar Dutzend Stühle und bestenfalls ein

Das älteste ortsfeste Kino Berlins? Das Pritzkow-Kino in der Münzstraße ist anlässlich seines 50-jährigens Bestehens festlich geschmückt.

Kinoorgeln waren Wunder der Technik, für viele Kinos aber unerschwinglich.

Klavier. In solchen Ladenkinos oder winzigen „Flohkisten" war es eng, naturgemäß dunkel, und manchmal ging es auch turbulent zu. Denn der Kintopp blieb auch mit fester Adresse immer noch ein Volksvergnügen. Man hörte den Projektor surren, Stullenpapiere knisterten, Besucher kamen und gingen. Man schwatzte durcheinander, einige kommentierten lautstark das Geschehen auf der zappelnden Leinwand.

Bessere und größere Häuser investierten bald in kleine Orchester zur Begleitung, nach 1918 gab es auch Kinoorgeln. Das waren technische Wunderwerke, deren Klangkörper hinter der Leinwand montiert waren. Anders als Kirchenorgeln konnte die Kinoorgel neben gewöhnlichen Tönen auch vielerlei Geräusche (Telefonklingeln, Autohupe, Schiffsirene) erzeugen. Eine „Mighty Wurlitzer" war selbstverständlich unerschwinglich für das schmale Kinohandtuch um die Ecke. Dort gab es bisweilen immerhin talentierte Geräuschemacher oder gewitzte Kinoerklärer. Sie beschrieben mit lauter Stimme das Geschehen auf der Leinwand, manchmal rissen sie aber auch nur zotige Witze. Zur Not kam ein Grammofon zum Einsatz, wenn möglich, begleiteten Klavierspieler die stummen Filme mit fröhlichem oder traurigem Geklimper. Ihr Repertoire reichte von Mozart bis zum Gassenhauer. Nicht alle Instrumen-

te waren gestimmt und nicht alle Pianisten überzeugend. Als Henny Porten einmal im Film auf einer Brücke kurz vor dem Selbstmord stand, soll einer in den Berliner Kinosaal gerufen haben: „Henny, nimm den Klavierspieler mit!"

Zwei Groschen reichten für den Kinobesuch im günstigsten Fall. Meist liefen die Streifen „non stop", nur unterbrochen durch kurze Lichtpausen. Dann bestimmte der Kinobesitzer, dass nun Billetts für bestimmte Sitzreihen ihre Gültigkeit verloren. In vielen Kinos gab es Bierausschank, es wurde geraucht, nicht selten auch im Projektionskämmerlein – was lebensgefährlich war, denn der 35mm-Nitratfilm brannte wie Zunder und neigte durch die enthaltene Nitrozellulose zur Selbstentzündung. Man erzählt sich von Berliner Kinos, die an der Außenwand des Projektionsraumes ein Fenster und eine Rutschstange installierten, durch die sich der Vorführer im Brandfall retten sollte. Im Saal „hakte" manchmal das Bild, verdoppelte sich oder lief aus der Spur. Wenn der Zelluloidfilm ganz riss, kam es auf den Pianisten an, die Meute zu beruhigen. Keine Vorführung war wie die andere!

KINOKUNST BAUT SICH PALÄSTE

All das oben Geschilderte kannte das Berliner Bildungsbürgertum nur vom Hörensagen. Ein Kinobesuch gehörte im wilhelminischen Berlin für die gebildeten Stände nicht zum guten Ton. Operette – immer gern, Bilder der Secession – mit sehr kritischem Blick, Varieté – vielleicht an Silvester, aber Kino? Nein, das erinnerte beängstigend an Volkstheater in Venedig, wie es Goethe in seiner *Italienischen Reise* beschrieben hatte, am 4. Oktober 1786: „Und abends gehen sie ins Theater und sehen und hören das Leben ihres Tages, künstlich zusammengestellt, artiger aufgestutzt, mit Märchen durchflochten, durch Masken von der Wirklichkeit abgerückt, durch Sitten genähert. Hierüber freun sie sich kindisch, schreien wieder, klatschen und lärmen." In Berliner Volksthea-

tern ging es sicher ähnlich zu und im Kino der Anfangsjahre, wie gehört, natürlich auch.

So mancher Gymnasiast schlich sich – trotz Warnungen der Eltern und Lehrer – dennoch heimlich in eine Vorstellung. Der *Vorwärts* be-

richtete am 28. September 1910 über eine Resolution der „Freien Jugend". Sie sah in der Ausbreitung der Kinematographen-Theater „eine schwere Schädigung der geistigen und moralischen Bildung der Jugend", verglich das Kino mit Schmutz- und Schundliteratur und prophezeite, der Film würde „bei der leicht erregbaren Phantasie der Jugendlichen ungesunde und schädliche Empfindungen wecken", manche Darbietungen seien „direkte Anleitung zum Verbrechen". Es gab aber auch Intellektuelle, die Kinofans der ersten Stunde waren. Zu ihnen zählte beispielsweise Franz Kafka, der bei seinen Berlin-Aufenthalten regelmäßig im Kino war.

Der Film selbst trug am meisten dazu bei, dass sich der Dünkel mehr und mehr verlor. Die Verwandlung des Kintopps zur Filmkunst begann kurz vor dem Ersten Weltkrieg und setzte sich in den 1920er-Jahren triumphal fort. Kino machte tat-

Der Ufa-Palast am Zoo war in den 1920er-Jahren das größte Kino der Welt.

sächlich Karriere und begann sich im Kulturleben zu etablieren. Viel gelesene Zeitungen wie die *B.Z. am Mittag* gründeten Filmrubriken und besprachen Uraufführungen mit demselben Ernst wie Opernpremieren. Sogar bedeutende Theaterschau-

spieler wie Albert Bassermann ließen sich überreden, im gläsernen Atelier zu drehen. Gleichzeitig mit der Filmkunst entstanden immer prächtigere Kino-Paläste. Bereits 1913 hatte am Nollendorfplatz der Cines-Palast mit 850 Plätzen eröffnet (ab 1927: Ufa-Pavillon genannt) und war Berlins erster eigenständiger Kinobau. Zuvor hatten größere Kinos meist ehemalige Theatersäle für sich eingenommen. Nach US-amerikanischem Vorbild glich der Cines-Saal einem Tempel, war fensterlos mit rundem Oberlicht. Bis zu drei Mark musste man für einen Besuch in der Loge berappen, das war zehnmal mehr als Kiezkino in der Flohkiste und ebenso teuer wie eine Loge in einem renommierten Theater. Ebenfalls 1913 eröffnete am Kurfürstendamm 236 das Marmorhaus, mit einer Fassade aus schlesischem Marmor. Das Kino wollte mit solchen Prachtbauten ganz offenbar dem Theater und der Oper auf

Augenhöhe begegnen. In den 1920er-Jahren entstanden immer mehr und immer größere Paläste. Wegweisend wurde der Ufa-Palast am Zoo, eröffnet 1919 im Romanischen Haus, etwa dort, wo man heute den Zoo-Palast findet. Der Ufa-Palast wurde 1925 auf sagenhafte 2165 Sitzplätze erweitert und war seinerzeit das größte Kino in Deutschland.

In den Lichtspieltempeln, die sich vor 100 Jahren in der Kudamm-Gegend und an vielen Hauptstraßen versammelten, stand nicht nur Film auf dem Programm. Foyers waren bisweilen passend zum jeweiligen Film geschmückt. Spielte er in der Südsee, wurden Palmen aufgebaut und Mitarbeiterinnen trugen Baströckchen. Vor dem eigentlichen Hauptfilm gab es oft bunte Bühnenprogramme mit Musik und Tanzeinlagen. Die großen Häuser leisteten sich eigene Orchester und buhlten um die wichtigen Premieren. Filmstarts der Ufa fanden selbstverständlich in den Ufa-eigenen Kinos statt, davon gab es über ein Dutzend. In Zeitungen der Zeit liest man von sagenhaften Menschenansammlungen, wenn wieder einmal eine Premiere über die Bühne ging. Legendär die erste Aufführung von *Der blaue Engel* am 1. April 1930 im Gloria-Palast am Kurfürstendamm. Verkehrsstockung infolge von Filmpremiere meldete die *Berliner Börsen-Zeitung*. Marlene Dietrich stahl dem eigentlichen Hauptdarsteller Emil Jannings die Schau. Auf der Leinwand mit Sex-Appeal und beim Galaempfang im Hermelin. Noch in der Premierennacht reiste sie nach Bremerhaven, schiffte sich nach Amerika ein und wurde ein Weltstar.

KINO-KATASTROPHEN UND WIEDERAUFBAU

Die Propaganda der Nationalsozialisten hat die Bedeutung des Films als Massenmedium erkannt, benutzt und missbraucht. Seltsamerweise entstanden von 1933 bis 1945 keine Kino-Großbauten. Auch in den Germania-Plänen von Albert Speer waren sie nicht vorgesehen. Wichtige Kinostarts im Dritten Reich fanden oft im Ufa-Palast am Zoo statt.

Der Titania-Palast in der Schloßstraße blieb im Krieg unbeschädigt.

Erhalten sind Fotos von Hitler als Premierengast, etwa am 20. April 1938 (seinem 49. Geburtstag) bei der Erstaufführung des Olympiafilms von Leni Riefenstahl.

Die „Arisierung" der Lichtspieltheater hatte sofort nach dem Machtantritt der Nazis 1933 begonnen. Kinobetreiber mussten ihrem Antrag auf Mitgliedschaft in der Reichsfilmkammer ein Abstammungsnachweis beifügen, was jüdische Kollegen ausschloss. Von den ersten Boykottmaßnahmen waren auch jüdische Kinobetreiber betroffen. Spätestens 1938 war es deutschen Juden gemäß der „Verordnung zur Ausschaltung der Juden aus dem deutschen Wirtschaftsleben" nicht nur unmöglich ein Kino zu betreiben, sondern auch verboten, ein Kino zu besuchen.

Zu Beginn des Zweiten Weltkriegs zählte man in Berlin rund 400 Kinos. Nach dem Ende der Kampfhandlungen im Mai 1945 war davon nur etwa ein Viertel unbeschädigt, darunter als Großkino der Titania-Palast in Steglitz. Bis unmittelbar vor Kriegsende wurden in Berlin nicht nur Filme produziert, sondern auch vorgeführt. Die Premiere der *Feuerzangenbowle* fand am 28. Januar 1944 im Tauentzien-Palast statt. „In der Nacht zuvor hatten 1077 englische Flugzeuge 3715 Ton-

nen Bomben auf Berlin abgeworfen", notierte Heinz Rühmann 1982 in seinen Memoiren. Das Nebengebäude des Kinos am Tauentzien Ecke Nürnberger Straße lag in Trümmern, und es muss noch gequalmt haben als „Pfeiffer mit 3 F" zum ersten Mal auf einer Kinoleinwand seine Possen trieb. Die Premiere fand am Vormittag statt, abends wurde nicht gespielt, sondern verdunkelt.

Fast wundersam mutet es an, wie rasch das Berliner Kino nach der Stunde null wieder auf die Beine kam. Bereits am 15. Mai 1945 meldete die *Tägliche Rundschau*, dass 30 Filmtheater wieder mit Filmvorführungen begonnen hatten. Im ehemaligen Stammkino von Erich Kästner, der Kurbel in der Charlottenburger Giesebrechtstraße, machte damals Walter Jonigkeit eine Bestandsaufnahme. Seinen Saal hatte man in den letzten Kriegswochen mit Munition und Panzerfäusten vollgeräumt, aber ansonsten war alles in Ordnung. Jonigkeit besorgte sich in einem Tabakladen in Prenzlauer Berg neue Filme. Ein Unteroffizier der Roten Armee betrieb dort ein kleines Filmrollenlager. So nahm die Kurbel – ihre Geschichte wird hier nur als Beispiel für viele genannt – ihr Berliner Kinoleben am 27. Mai 1945 wieder auf. Im Januar 1946 wa-